标签与贴标技术丛书

环保与可持续贴标

如何成为更环保的标签加工商和终端用户

Environmental Performance and Sustainable Labeling

Become a 'greener' label converter and user

[英] Michael Fairley Danielle Jerschefske
James Quirk Andy Thomas 著
郝发义 孔玲君 葛惊寰 译

中国轻工业出版社

图书在版编目（CIP）数据

环保与可持续贴标 / （英）迈克·费尔利（Michael Fairley）著；郝发义，孔玲君，葛惊寰译. — 北京：中国轻工业出版社，2021.11

ISBN 978-7-5184-3444-2

Ⅰ. ①环… Ⅱ. ①迈… ②郝… ③孔… ④葛… Ⅲ. ①标签－印刷工业－工业企业管理 Ⅳ. ① F416.84

中国版本图书馆 CIP 数据核字 (2021) 第 054325 号

责任编辑：杜宇芳　　责任终审：劳国强　　整体设计：锋尚设计

策划编辑：杜宇芳　　责任校对：吴大朋　　责任监印：张　可

出版发行：中国轻工业出版社（北京东长安街6号，邮编：100740）

印　　刷：三河市国英印务有限公司

经　　销：各地新华书店

版　　次：2021年11月第1版第1次印刷

开　　本：710 × 1000　1/16　印张：15.5

字　　数：250千字

书　　号：ISBN　978-7-5184-3444-2　定价：78.00元

邮购电话：010-65241695

发行电话：010-85119835　传真：85113293

网　　址：http://www.chlip.com.cn

Email：club@chlip.com.cn

如发现图书残缺请与我社邮购联系调换

190465J2X101ZYW

标签与贴标技术丛书

编译委员会

主　译：孔玲君　顾　萍　葛惊寰

副主译：郝发义　王　丹　王莎莎

成　员：曹　前　田全慧　周颖梅　刘　艳

　　　　田东文　方恩印　崔庆斌

标签与贴标技术丛书，由上海出版印刷高等专科学校从英国塔苏斯集团引进。该丛书涵盖标签的历史、常规标签印刷工艺、标签设计和创意、标签供给与应用技术、标签装饰和特殊应用、收缩套标技术、模切与刀模、标签市场及应用、环保与可持续贴标、数字标签与包装印刷等标签行业的方方面面，是标签行业的一套百科全书。

由上海出版印刷高等专科学校首次推荐引进的三本教材分别为《收缩套标技术》《环保与可持续贴标》《数字标签与包装印刷》，将作为上海出版印刷高等专科学校与中国印刷及设备器材工业协会标签分会、英国塔苏斯集团共建的标签学院的培训教材。

收缩套标是基于薄膜材料的一种标签形式，具有高质量、防篡改、对复杂形状容器可全身装饰、印刷图文耐磨且防水等特性。我国对收缩套标的需求日益增长，但国内目前缺少一本专门介绍收缩套标技术的书籍。本套丛书中的《收缩套标技术》对收缩套标加工过程中所涉及的图形设计、薄膜基材特性、油墨性能、合掌工艺、套标在收缩烘道和收缩过程中的性能等作了全面介绍，并通过一个个翔实的案例指导读者如何解决日常生产中遇到的故障和问题，无论对收缩套标行业的薄膜与油墨供应商还是印刷加工商来说，都能提供非常有效的指导。

《环保与可持续贴标》为标签加工商和用户开展更环保的标签生产与应用提供指导，并结合案例为标签加工商介绍了具体的环境解决方案，引导标签行业朝着更加绿色环保和可持续方向发展。对于我国从事标签生产的加工商和从业人员来说，这是一本非常值得学习的参考书。对于服务于国际高端品牌商和从事海外业务的标签生产企业而言，这是全面了解国际加工业环保方面的相关法律、法规限制和具体实施要求的参考指南。

近年来，数字印刷在标签和包装领域的发展尤为迅猛，其市场占有量迅速提升。同时，数字印前、工艺流程及技术的自动化也得到长足的进步和发展。《数字标签与包装印刷》一书不仅介绍了数字印刷及印后加工的发展历程和市场应用、技术原理、印刷材料与印刷质量等普遍问题，还从数字印前策略、组合印刷方案，以及企业数字化工艺流程管理等多个方面展开分析和论述，为从事标签与包装行业中应用数字印刷技术的从业人员提供全方位的知识，也为希望向数字印刷领域转型的从业者提供参考。

本套丛书主要由上海出版印刷高等专科学校的教师完成翻译工作，希望能为我国标签行业的各类企业和从业人员提供有益的帮助和技术支持，共同推动我国标签行业向着绿色化、数字化、智能化、融合化的方向发展。

2020年11月

译者序

2020年，新型冠状病毒肺炎疫情在全球爆发，标签印刷行业未能独善其身。疫情让很多标签企业遭受损失，但在客观上也为企业提供了韬光养晦、修炼内功的好时机。疫情过后，世界各国都会出台一系列刺激经济发展的新政策，势必会对标签行业的未来发展趋势和竞争格局产生深远影响。此书正是在此背景下，由上海出版印刷高等专科学校引进塔苏斯集团战略发展总监Michael Fairley先生以及《标签与贴标》杂志北美编辑Danielle Jerschefske女士共同编写的*Environmental Performance and Sustainable Labeling*一书。

作为标签和贴标技术系列丛书之一，本书为标签加工商和行业供应商提供关于环境、可持续发展、气候变化、影响标签行业的废弃物处理争议，以及过去十多年里所颁布的相关法律法规概要、指导准则、规章协议以及行业发展指示等。本书还为标签加工商建立环境管理系统、实施ISO14000、EMAS、LIFE或供应商积分卡等项目提供了具体的操作指南。包括材料的选择与使用、生产性能、碳排放、废弃物管理与处理、生命周期评价、运输和配送、零售商和终端用户需要注意的事项等。本书还介绍了加工商可以采用的环境政策申报指南，以及如何达到环境和可持续发展要求的案例研究，配有流程图、图表以及其他说明，能帮助加工商和终端用户分析、详细了解环境解决方案。作者希望本书能够引导整个行业朝着更加环保、更有希望且更有利的美好未来发展。

对于中国的加工商，特别是服务于国际高端品牌商，或有产品出口至海外的加工企业来说，本书将是了解国际加工业环保方面相关法律、法规限制和具体实施要求的重要参考书。

本书由上海出版印刷高等专科学校引进，由上海新闻出版职教集团项目资助出版。全书主要由上海理工大学郝发义老师翻译，上海出版印刷高等专科学校孔玲君、葛惊寰老师负责审核校对。此外，考虑到书稿编排需要，我们对本书中各章的标题作了重新编制，与原文略有不同。

由于本译著为综合应用技术书籍，涉及的知识内容较为广泛，加之我们学识水平有限，书中错误与不当之处在所难免，敬请读者不吝指正。

译者
2020年5月

早在20世纪70年代，人们就开始关注环境和全球气候变化，当时主要关注的是地球变冷。后来，人们开始担心气溶胶气体会破坏臭氧层，世界各国政府一致认为，必须用更环保的产品来替代具有破坏性的氟氯烃气体。

最近，关于环境、可持续性、气候变化和废弃物的争论发生很大变化。在过去的十几年里，一系列的立法、指南、指令和协议出台，这不仅仅是关于温室气体的问题，其对标签行业及供应商的影响越来越大。

在政府、环境组织和消费者组织、品牌所有者和零售商的推动下，标签行业开始采用来自管控森林的更环保的材料、更薄的材料、非木纤维纸张、新型薄膜、含再生成分的材料、循环兼容黏合剂和不含VOC的油墨及溶剂。

越来越多的政府已经禁止（或打算禁止）将包装和标签垃圾进行填埋。这给标签行业带来巨大的压力，目前全球仍有80%的标签垃圾（包括离型底纸）被填埋。模切废边和标签底纸的收集和回收已经开始并将持续向前推进，但在成为普遍解决方案或行业标准之前，仍有许多挑战需要解决。

标签行业越来越关注碳排放和能源利用数据，对数据透明度的要求将继续提高。全球范围内能源成本在迅速上升，标签行业需要做更多的工作来降低能源消耗，在制造业中变得更精简，限制排放，设计可循环使用的标签材料，并在运营中变得更清洁和更环保。

行业已经做了很多工作来帮助加工商。TLMI、FINAT和其他标签协会已经推出、制订和鼓励环境计划，如LIFE，或者加工商可以实施ISO14000或定制化环境管理系统以满足其业务需求。许多标签加工公司必须遵守其主要客户（如沃尔玛和宝洁）推出的记分卡计划。对标签加工商进行认证或与各类环境项目合作的需求将继续下去。

行业的主要供应商公司，无论是标签材料生产商、印刷机制造商、紫外线固化系统供应商、油墨和制版公司等，今天都在发挥自己的作用，但还需要做更多的工作来教育和告知标签加工商及其客户可以做些什么，以及为保持成功、可持续和向前发展需要做的事情。

本书旨在提供这一资源，解释环境挑战和需求，然后总结信息、产品、技术、解决方案和案例研究，引导行业走向一个更可持续、更有效益的未来。

Michael Fairley　Danielle Jerschefske

作者
简介

自20世纪70年代以来，Michael Fairley一直在撰写和评论标签和包装材料的技术和应用，他既是《标签和贴标》以及其他印刷行业杂志的创始人，也是一名国际顾问，为Frost & Sullivan、Economist Intelligence Unit、Pira、InfoTrends 以及Labels & Labelling Consultancy等撰写标签行业市场和技术研究报告。

Michael现在是Tarsus展览与出版公司的顾问，该公司组织标签展览、标签峰会和出版《标签与贴标》杂志，并定期在行业会议和研讨会上发言。

Michael是包装学会的会员，IP3会员，英国出版同业公会荣誉会员，FINAT的终身荣誉会员，伦敦城市行业协会证书获得者。2009年，他被授予R.Stanton Avery终身成就奖。

Danielle Jerschefske是《标签与贴标》杂志北美编辑，拥有威斯康星密尔沃基大学国际研究学士学位。Danielle经常在行业重要会议做报告，主题包括环境战略、交互包装、全球和地区趋势以及自有标签的兴起。

Danielle一直密切关注标签行业内环保意识的崛起，并因其作品《绿色101》获得PNEAC颁发的“2007年度出版物”文章类奖项。她是TLMI环境委员会及循环再生分委员会的积极参与者，也是凤凰城挑战基金会的推动者。

记得几年前，在一次压敏标签全球会议上，Michael Fairley先生提出标签印刷技术当今和未来三个重要的问题。其中一个是，需要为影响压敏标签技术供应链的每个环节制定更好的环境路线图。他概述了自己的愿景和最终用户对供应商以及整个供应链的要求。

这本由Michael Fairley和Danielle Jerschefske联合编写的书提供了这个路线图。这是在“绿色”、可持续和最佳实践受到越来越多关注的时候，记分卡、供应商要求、立法和法规从此变得更加普遍。这本《环保与可持续贴标》被视为前进的方向。

本书涵盖行业供应链的方方面面。从森林和石化工业到零售商货架上产品包装贴的压敏标签。这是一本信息百科全书，是我们这个行业各领域的总结，是真正致力于创造一个更美好、更全面和更友好的行业的人的必读书目。

我和Michael、Danielle编写这本书的观点是一致的，除非持续进行变革，否则这个行业将面临风险。事实上，他们确信，除非由高层推动，否则变革很难成功。换言之，高级管理层必须接受并参与变革。几乎每一章都有被称为“环境管理政策”的总结，这是对每一章要点的总结，也是让忙碌的管理人员与团队形成共识的最佳方式。这显然支持他们对高级管理层参与的看法。

《环保与可持续贴标》提出了一些问题，并为那些没有做出改变或提升的人提供了解决方案。本书值得认真阅读，它不仅仅讲述一项印刷技术，同时也告诉我们，最终的未来掌握在我们自己手中。

Calvin S. Frost

Channeled Resources首席执行官

TLMI环境委员会主席

FINAT回收和可持续发展主席

致谢

这本《环保与可持续贴标》花了两年多的时间来研究和编写。主要工作包括参加行业和组织活动，阅读和研究最新的环境立法、指令、标准、协议、指南和解决方案，与行业供应商或加工商专家交谈，搜索互联网，收集案例信息和文件。

此外，作者还定期在《标签与贴标》和其他杂志上发表关于环境、可持续性和废弃物的文章和与环境有关的新闻专题，并在世界各地的行业大会和研讨会上发言，采访公司的环境实践，参加TLMI环境委员会和循环再生分委员会会议。

因此，感谢所有帮助为本书提供信息的公司、组织、协会和个人，包括TLMI、FINAT、Avery Dennison、Martin Automatic、Gallus Group、Herma、Cycle4Green、Sun Chemical、UPM Raflatac、Catchpoint、GEW、GNP Company、Clemson University、Paragon Label、Graphix、Xeikon、Grafiques Varias、Adhesive Print, UK Labelling Systems、BASF、INX、Ricoh、Aset Bidoit、Phoseon、Greenwood Fuels, Orion Energy Systems, Flint Group, Ricoh Company, Sarah Lee, GreenBlue, Sustainable Packaging Coalition, Skanem Liverpool, WS Packaging and Cellulose Reciclada。

还要感谢PMDC的Marty Vavra和Karen Eshleman、Spear公司的Dan Muenzer和Dave Dickerson、FTA的Doreen Monteleon、美国印刷工业协会的Gary Jones以及其他许多博学的专家和热情的个人，他们花时间与作者详细讨论了可持续发展的历程。

本书后面联系页所列的许多组织对可持续性、废弃物和环境方面做出的重要贡献，其作为研究的一部分以及资料来源，我们表示诚挚的感谢。

除了本书的研究和写作之外，书稿还经过了James Quirk的审阅和编辑加工，他在2007年至2009年担任《标签与贴标》的副主编，现常驻阿根廷布宜诺斯艾利斯，负责该杂志对拉丁美洲市场的报道。我们对James的工作表示赞赏和感谢。

感谢集团总编辑Andy Thomas在负责定期杂志编辑和出版的同时，

帮助本书得以编写和完成，并感谢他提供了许多最新资源。

还必须感谢Avery Dennison公司的环境和可持续发展专家David Frail和Danny Wong，他们通读并检查了本书最初章节的内容，还要感谢Channeled Resources Group首席执行官兼TLMI环境委员会主席Calvin Frost，也为本书提供宝贵的帮助和指导。

此外，感谢Concept Design公司的Greg Smye-Rumsby，他负责绘制了本书的许多表格、图表和图片，起初的图表通常都是模糊或潦草的笔记或草图。

最后，感谢Avery Dennison公司赞助本书的首次印刷。Avery Dennison公司的赞助、宣传和支持才使得本书能够呈现给全球标签加工商、行业供应商、标签买家和标签用户。

目录

第 1 章

可持续贴标的意义 / 1

1.1 人类活动对环境的影响 / 3

1.2 全球环境标准 / 7

1.3 行业主要公司的环保举措 / 12

1.4 可持续性——努力实现全球标准 / 16

1.5 展望未来 / 20

第 2 章

环境管理和审核系统的开发 / 23

2.1 实施环境管理体系 / 27

2.2 标签材料的选择和使用 / 34

2.3 标签加工商生产性能以及清洁制造 / 35

2.4 标签厂固体废弃物管理与处置 / 37

2.5 产品性能 / 39

2.6 运输和配送 / 40

2.7 零售商和最终用户注意事项 / 41

第 3 章

标签材料的选择和使用 / 43

3.1 纸质标签面材、底纸以及复合材料 / 46

3.2 使用环保无害、环保友好的黏合剂 / 55

3.3 薄膜标签面材和底纸材料 / 57

3.4 模内标签面临的挑战 / 61

3.5 收缩套筒标签面临的挑战 / 63

3.6 为加工商制定标签材料使用原则 / 64

第 4 章

标签加工商的生产绩效 / 67

4.1 建筑评级工具 / 70

4.2 水回收系统 / 76

4.3 标签厂的节能 / 78

4.4 能源 / 81

4.5 柔性版与制版工艺 / 90

4.6 减少溶剂和化学品用量 / 92

4.7 环保油墨和工艺 / 93

4.8 全建筑能耗计算 / 102

4.9 制定能源效率政策 / 105

第 5 章
标签厂固体废弃物管理 / 107

5.1 固体废弃物减量 / 112

5.2 生产效率的资本投资 / 118

5.3 固体废弃物的循环回收/再生利用 / 121

5.4 近期可持续材料发展 / 134

5.5 制定固体废弃物管理的环境政策 / 138

第 6 章
可持续性能设计 / 141

6.1 生命周期管理 / 144

6.2 可持续性设计 / 147

6.3 包装设计/生命周期评估软件 / 148

6.4 材料价值 / 156

6.5 闭环式底纸回收再生 / 157

6.6 减少碳足迹 / 158

6.7 交互式包装 / 164

6.8 生命周期分析的最新进展 / 167

6.9 制定可持续发展的环境政策 / 168

第 7 章
运输和配送 / 171

7.1 公司运输、差旅和货物配送的审核 / 176
7.2 制订公司运输、差旅和货物配送计划 / 177
7.3 运输碳排放的测量和审核 / 179
7.4 影响公司车辆选择与使用的因素 / 180
7.5 公司车辆使用的燃料类型 / 182
7.6 更有效地使用公司汽车、客车和卡车 / 185
7.7 行程优化 / 187
7.8 制定加工商交通和差旅政策 / 191

第 8 章
零售商和最终用户注意事项 / 193

8.1 全球包装标准与组织 / 197
8.2 术语标准化 / 200
8.3 供应商可持续发展记分卡计划 / 204
8.4 科学研究与数据收集 / 207
8.5 “限制”供应链影响——消费者教育 / 209

术语表 / 217
环境、行业和组织的联系方式 / 225

第 1 章

可持续贴标的意义

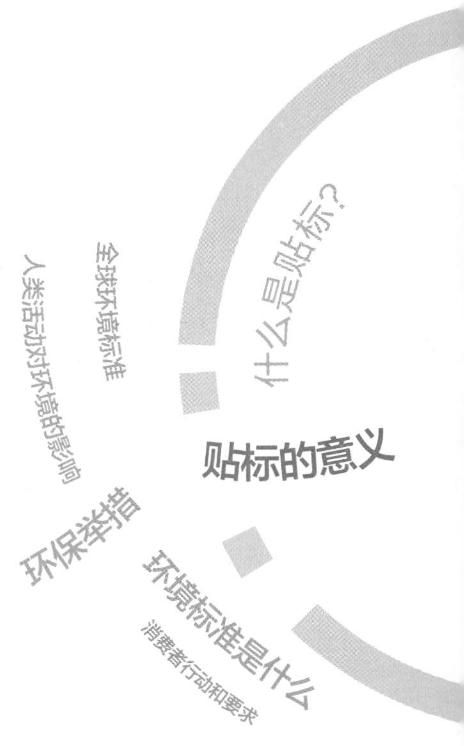

近年来，全球标签加工商在环境性能和“绿色”认证方面面临越来越大的压力。几乎每一期的标签和包装行业杂志都有关于这一主题的新闻和专题，行业会议也讨论这一主题，行业协会设有专门委员会和工作小组，供应商和主要加工商也会定期宣传其环保证书。

现在标签行业所面临的挑战远不止最基本的环境性能，而是涉及废弃物流、生命周期评价和废弃物管理计划、FSC/SFI/PEFC[1]（森林管理委员会/可持续林业倡议/森林认证体系认可计划）和监管链认证、包装废弃物处理、碳足迹、可再生资源、全球供应链和分销链、标签可持续性、能源目标、协会项目、过度包装问题、包装和标签材料的回收或再利用、包装回收标识的开发和一致的贴标方案、包装和标签减量目标、挖掘包装重新使用的潜力、生物可降解性、建立废弃物堆肥目标等所有的内容。几乎每个月都可以看到一些新的举措和倡议。

毫无疑问，对于标签行业供应商、标签加工商甚至最终用户来说，最大的挑战是，这一系列持续不断的举措和倡议现在都已成为全球气候变化辩论的一部分。事实上，也许现在是气候变化问题的一部分。

消费者和“绿色”组织迫切需要某些东西，但可能并不会考虑加工商和包装商面临的商业问题。欧盟各国政府和地方或州当局正在制定立法或提出替代方案，以减少或消除垃圾填埋、促进家庭循环、减少二氧化碳排放、鼓励使用生物燃料、提高收入和鼓励改善资源管理。

但是，这些对环境、气候变化、环保问题和可持续性的关注是从何时何地开始的呢？

---

1 FSC——Forest Stewardship Council; SFI——Sustainable Forestry Initiative; PEFC——Programme for the Endorsement of Forest Certification Schemes。——译者注

1.1 人类活动对环境的影响

关于全球气候变化与人类活动关系的第一次警示可以追溯到20世纪70年代，但此时人们更关心的是气候变冷和新冰河期的威胁。

20世纪70年代末80年代初，人们开始关注可能由人类活动导致的气候变化以及破坏臭氧层的氯氟烃（CFC）中氯的影响，CFC导致臭氧层出现一个巨大的洞，危险的紫外线可以穿过这个洞（事实上，1987年，约100个国家同意采取行动减少CFC的使用），这次与全球变暖有关。到1988年，人们越来越意识到“全球变暖”是由现在已广泛接受的“温室效应”导致的。

1988年，联合国成立了政府间气候变化专门委员会（IPCC），其目的是评估由人类活动引起的气候变化有关的科学证据。

1989年，世界各国政府认识到，必须用环境友好的产品替代破坏性的CFC气体（《蒙特利尔破坏臭氧层物质管制议定书》，1989年）。而后，IPCC于1990年发布第一份报告确信地指出，由人类活动导致的温室气体（二氧化碳、甲烷、CFC和氧化亚氮）排放量大大增加，这对地球不断加剧的温室效应的贡献率超过一半。

1991年，欧盟委员会制定一项限制二氧化碳排放的措施。这项措施涉及气候变化、可再生能源、废弃物回收、二氧化碳排放限制以及推出碳排放税提案。1992年，《联合国气候变化框架公约》所有签署国政府都同意自愿减少温室气体排放。

《联合国气候变化框架公约》签订以后，1997年的京都会议各国政府又达成《京都议定书》，同意将温室气体排放量在1990年的基础上减少5.2%。1999年，欧盟颁布了《垃圾填埋指令》，规定了减少垃圾填埋的措施，鼓励通过回收或焚烧来处理废弃物。

该指令建立了一个废弃物等级体系，随后被标签行业的公司（如艾利丹尼森）修改，构建从环境角度优先考虑各项举措的一个框架，如图1-1所示。

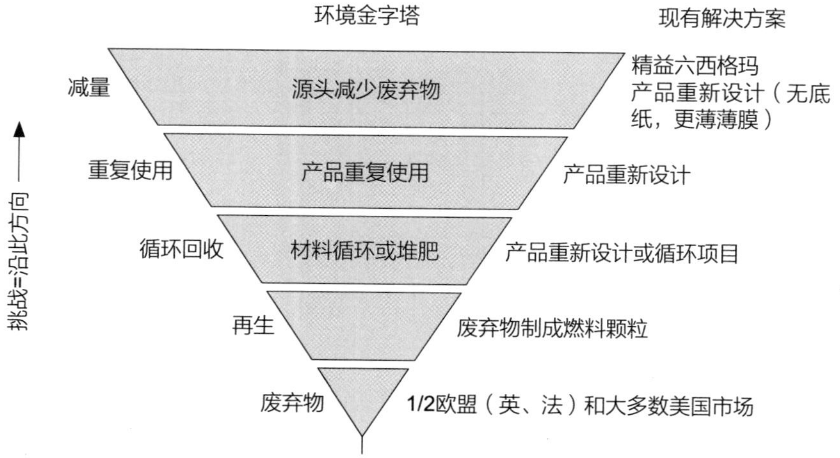

图1-1　欧盟《废弃物管理指令》中规定的废弃物层次结构框架，以及该框架如何适用于标签行业。感谢Avery Dennison提供信息。

2007年，欧盟采取进一步措施，欧盟委员会要求减少二氧化碳排放量，20%的能源来自可再生资源，10%的运输燃料来自生物燃料，并禁止使用传统的白炽灯泡。同年，IPCC就气候变暖和人类活动的关系发布第四份评估报告。2009年12月，世界各国在哥本哈根签订《联合国气候变化框架公约》，随后发布的《哥本哈根协议》认为，气候变化是当前人类面临的最大挑战之一，应采取行动将温度上升控制在2℃以下。但是，这个协议不具有法律约束力，也不包含任何具有法律约束力的减少二氧化碳排放的承诺。

总结一下这些重要的气候变化和环境行动，表1-1中所示的是在过去100年里，环境方面重要的里程碑事件。

表 1-1　近期气候变化历史时间表

年份	变化情况
1920—1940 年	全球气温上升期
1940—1970 年	全球平均气温下降
1972—1973 年	关于全球气候变化的第一次警告——地球正不断变冷
1975 年	新冰河时代的威胁，有人认为这可能是人类活动的结果
1979 年	全球地表温度再次上升

续表

年份	变化情况
1986 年	据称含氯的氟氯烃正在破坏臭氧层，导致全球气温上升
1987 年	100 个国家采取行动减少氟氯烃的使用，对二氧化碳影响的关注在增加
1988 年	由于“温室效应”的影响，人们越来越认识到全球正在变暖的现实，于是成立了联合国政府间气候变化专门委员会（IPCC），以评估人类活动引起气候变化的科学证据
1989 年	成立气候行动联盟，以协调全球变暖问题
1990 年	IPCC 第一份报告发布。二氧化碳排放量对“温室效应”的贡献超过一半
1991 年	欧洲委员会发布了限制二氧化碳排放的社区战略。拟议的气候变化立法——包括可再生能源、废弃物回收、二氧化碳排放限制，以及征收新碳税的提议
1992 年	里约热内卢地球峰会《联合国气候变化框架公约》（UNFCCC）签署。所有签署国政府自愿减少温室气体排放
1995 年	IPCC 的第二份报告赞同对全球变暖的解释
1997 年	京都会议签署《京都议定书》，决定温室气体排放量应在 1990 年的基础上下降 5.2%
1999 年	欧盟颁布《垃圾填埋指令》——旨在逐步停止垃圾填埋，以垃圾回收或焚烧来替代
2006 年	戈尔制作了一部纪录片《不方便的真相》，声称我们有十年的时间来避免一场大灾难。英国首相布莱尔（Tony Blair）发起的“气候变化经济学斯特恩报告”称，我们有十年时间拯救地球
2007 年	欧洲理事会同意应对气候变化的新一揽子措施——减少二氧化碳排放量：包括可再生能源占总能源的 20%、生物燃料占运输燃料的 10%；禁用传统白炽灯；IPCC 第四次评估报告公布发布——气候变暖是人类活动导致的
2009 年	哥本哈根《联合国气候变化框架公约》签署

随着环境、废弃物、可持续性、碳排放、能源使用等所有相关领域新的立法、标准和环保政策的不断推出，全球主要的品牌商、零售商，包装企业以及标签行业的供应商和加工商，都在为创造一个更加环保和可持续的未来而努力。

2009年下半年和2010年出现了全球经济衰退，这进一步促使品牌商和零售商提升其绿色认证，并通过减少包装使用量、降低包装和标签废品量、节约能源、降低运输和加工成本等作为维持其利润的主要措施，这也增加了包装和标签供应商的压力。

当然，最好的标签公司希望在遵守不断增多的法规和满足客户要求的同时，能够保持自己的业务和利润。任何情况下，本月或明年他们应遵守哪些要求——特别是如果业务遍布全球的话，该怎么操作这些事？纸张、薄膜和标签材料供应商、油墨制造商和化工公司正着眼于一个完全不同的、更伟大的前景，即如何更好地管理资源以及提供可持续的材料，以确保未来长期的发展。

总而言之，为满足各种环境法规以及行业和客户要求，加工商可以申请的各种环保认证和包装标识正不断增多，但只需考虑图1-2中一些主要的环保认证即可。

图1-2 全球标签行业中重要的环境方案和标志

这个列表还远不够详尽，还有其他标签或产品标识可以使用，此外还有所列标识的各种变化形式。申请这么多的环境标识或认证，把所有认证标识都添加到标签上将是一个非常大的挑战，何况标签上还要包含所有法律要求的产品信息、制造商、条形码和安全信息。可以尝试使用QR二维码来扩展有关可持续性的内容信息，但同样，这需要其符合标签的整体样式。

1.2 全球环境标准

1.2.1 ISO 国际标准

如果与全球主要的品牌商和零售商交谈，询问他们希望从标签和包装供应商那里得到什么样的品质、可持续性、废弃物或环境要求时，现在可以得到基本一致的答案。他们迫切期望供应商以ISO9000为起点，然后在不久的将来获得或争取获得ISO14001认证（或同等认证），而在食品/超市领域，需要获得日益国际化的英国零售商协会（BRC）全球标准（见下文）认证。

ISO9000质量认证早已成为许多标签加工商在世界范围内开展业务的必要条件。同样，ISO14000系列环境标准也将成为（实际上已经成为）在许多地区或行业开展业务的主要要求，例如包装和标签行业。这些标准到底包含哪些内容？最新的ISO14000系列标准涵盖：

①环境管理系统；

②环境审核；

③环境性能评估；

④环境标志；

⑤生命周期评估；

⑥产品标准中的环境指标。

ISO14000环境管理标准系列组成见图1-3。

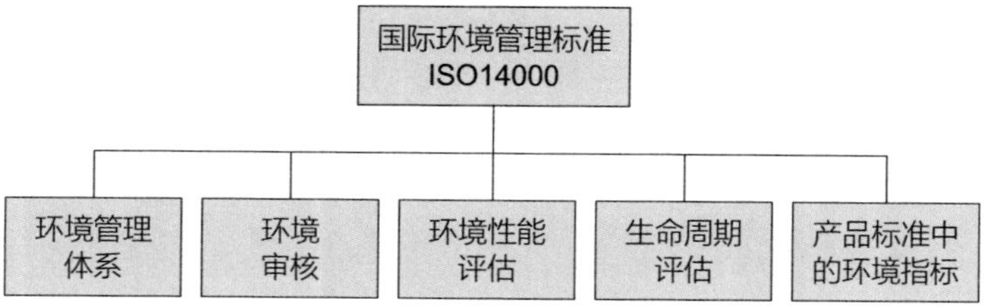

图1-3 ISO14000环境管理标准系列

通常来说，ISO14001要求环境政策在（包装或标签）公司内贯彻需要由高级管理层全方位支持，并延伸到顾客、员工和公众。环境政策规定，公司应遵守现行环境法规，并强调对持续改进的承诺。与之前的ISO9000一样，环境管理体系需要定期审核，以确保其有效性、达到规定目标并继续按照所有适用的和相关的法律、法规和标准执行。这些都在第2章中阐述。

另一个在零售供应商领域越来越普遍的标准是"BRC/IOP全球标准——包装和包装材料"。

本标准最初由英国零售商协会（BRC）制定，旨在为英国食品行业制定包装和包装材料供应标准，该标准一经颁布便迅速被全球各大零售商、包装和标签企业所采用。该标准的认证确保产品的技术性能，有助于制造商履行法律义务（包括环境和废弃物），并有助于为消费者提供保护。

综上所述，ISO9000、ISO14000系列和BRC/IOP全球标准正成为越来越多的全球标签和包装买家评判其供应商在质量、环境、履行法律义务和消费者保护方面的能力和承诺的核心基础。

毫无疑问，加工商会认为满足所有这些全球标准对他们来说会增加额外的成本。然而，已经有大量证据表明，实施ISO14001和/或BRC/IOP全球标准的加工商能够显著减少材料（承印材料和油墨）浪费、提高制造效率、减少停机时间、帮助客户减少材料用量或轻量化包装或标签，在解决共同环境问题方面与客户建立更好的合作关系，并寻找新的解决方案。例如，标签模切废边处理以及作为燃料能源（颗粒化）或建筑材料的再利用。简言之，获得标准认证证明是一个明智的、具有较高成本效益的商业决策。

1.2.2 北美窄幅加工商倡议

虽然北美吊牌与标签制造商协会（TLMI）并未打算制定取代ISO14000环境标准（覆盖所有行业）的标准，但制定了专门针对窄幅印刷行业的“标签环境倡议”（LIFE），该倡议设定了清洁生产技术、最大限度减少浪费、改善水和空气污染物的标准，所有这些都能减少温室气体的排放。

所有TLMI成员都可以申请LIFE认证，TLMI董事会也希望LIFE标准最终成为窄幅印刷行业履行环境责任的全球性标志。

为协助各成员评估和改善其环境性能，TLMI开发了一个记分卡，成员可以评估四个类别或要求：

①清洁生产；

②能源和温室气体；

③产品设计和环保材料；

④管理实践。

这些要求是建立在可持续包装联盟（SPC）指南的基础上的。

该记分卡使TLMI成员及其客户能够评估与特定公司或产品生命周期最相关的绩效特征，其目的是让会员通过提交第三方认证来获得LIFE标识。与记分卡一起使用的认证是从其他行业标准和管理体系（如ISO14001）的审核和认证中发展而来的。

ISO14001和LIFE认证项目的主要区别在于后者的某些方面对标签印刷行业更为具体。例如，在ISO14001标准中，加工商记录材料和能源使用情况，并努力减少材料和能源使用，但并不会承受太大压力。然而，LIFE认证是一个不断改进的过程，加工商必须在各个方面变得更好，加工商必须更多地考虑印刷过程。基于这个原因，对于一些加工商来说，获得LIFE认证而不是ISO14001认证可能是更明智的。一些加工商现在甚至获得了两个认证。

1.2.3 欧洲倡议和计划

《欧盟包装和包装废弃物指令》旨在协调欧盟成员国和第三国限制或减少包装（包括标签）对环境影响的措施，并防止待处理的包装废弃物通过再利用、再循环和其他形式的回收进入生产环节。该指令意味着，欧洲自粘标签加工商以及模切废边和标签底纸加工商都将受到严格监控。

为了向加工商提供处理这些废弃物的方法，英国4impression公司为FINAT（欧洲不干胶标签协会）编写了一个教育模块。鼓励加工商及其客户利用全行业回收系统收集底纸废料，然后将其运至造纸商进行二次制浆并用于生产纸巾，最终用户只需支付很少费用，甚至免费。该模块还强调，随着全社会对环境问题关注度的逐渐增加，制定管理完善的"绿色"政策对公司成长至关重要，管理层可以将这些政策作为营销工具。

该模块还指出，欧洲每年至少产生30万t底纸废料和20万t模切、试机和标签排废产生的废料。

FINAT最近还与其他全球协会联手，进一步支持行业对更可持续的未来和环境负责的承诺。

作为这一承诺的后续行动，FINAT强烈支持Cycle4Green公司（C4G）采取的举措。C4G位于欧洲的闭环回收系统开发出废弃离型底纸的可持续解决方案（更多信息见标签废弃物章节）。据FINAT称，可持续发展是当今品牌买家优先考虑的因素。标签行业一直努力简化其业务和制造流程，并希望为客户提供可持续的解决方案，从而实现降低成本和提高盈利能力的目标。

为了满足不断变化的标签行业和客户回收目标，并不断减少标签浪费，FINAT全力支持正在进行的各项行业举措，以进一步减少标签对环境的影响，并与C4G公司和其他相关解决方案公司合作建立一个将终端用户和标签印刷商连接起来的平台。

欧洲议会和欧洲理事会也一直在努力建立欧洲生态标签（ECO-Label）系统，并推出生态管理和审核计划（EMAS），这是公司和其他组织评估、报告和改善其环境性能的自愿管理工具。EMAS的最新修订版再次以ISO14001为基础，包括建立一套行之有效的行业方法，促进环境管理方面的最佳实践，并将EMAS延伸到非欧盟国家。

修订版还包括加强遵守环境法规和加强环境报告的内容，以及通过核心业绩指标报告能源效率、材料效率、水和废弃物排放以及生物多样性。

欧洲生态标签Eco-Label和EMAS计划都是自愿实施的。

1.2.4 其他环境标准

如果加工商、供应商或行业客户希望进一步提高可持续性、回收利用和包装环保性，则可以考虑或实施可持续发展标准BS8900。BS8900标准侧重于不对环境产生负面影响，或不让标准实施带来高昂成本的工作方式。气候变化、能源和废弃物等问题只是该标准关注的几个领域。

同样，如果包装和标签材料的生物降解性和堆肥是一个问题，那么BS EN 13432标准可以提供进一步的帮助。本标准规定了堆肥和生物降解包装的要求：在包装整个生命周期内，对使用过的包装进行有机回收是可行方案之一。

在北美，甚至扩展到全球范围，越来越多要求获得森林管理委员会/可持续林业倡议（FSC/SFI）认证以及相关的监管链认证（COC），以保证原材料从森林一直到消费者整个流程的可持续性。获得认证的标签印刷商有资格使用产品认证标签。

环境和可持续性问题肯定不会消失，只会在世界各地变得更加普遍。中国政府也出台了影响深远的立法，要求所有产品的包装材料都是可回收、可降解或可再生的，而一些塑料材料将被全面禁止。包装轻量化和减量化将成为强制性要求，鼓励材料和技术研究，建立废弃物回收和再循环系统，规范可回收和再循环材料的运输和储存，同时也制定了违法行为的一系列处罚措施。

我们将继续研究每个国家或地区在环境方面正在做什么。虽然任何拥有全球客户群的标签或包装加工商都面临不同的挑战，但也有很多共同点。品牌所有者、政府、行业供应商等都在努力实现共同的需求，尽管实现方式可能略有不同，但通常都可以通过ISO14001标准来实现。ISO14000标准可以纳入本地、地区、国家或国际计划中，也可以与专门针对自粘标签行业的LIFE认证计划一起实施。EMAS在应用中也可以是面向具体行业的（即针对自粘标签行业）。

1.3 行业主要公司的环保举措

1.3.1 领先的行业供应商和加工商不断获得认证

标签行业内的许多人认为在环保和可持续方面可再进一步，即使大多数领先的行业供应商都已经获得了ISO14001认证，许多主要的国际标签加工商也获得了ISO14001认证。

领先的标签材料和自粘标签制造商现在都按照ISO14001标准生产，其中许多还获得了FSC和PEFC认证。事实上，大多数欧洲造纸厂现在都通过了ISO14001认证。在部分或全部工厂都采用ISO标准的主要标签公司包括艾利丹尼森、UPM 蓝泰、Ahlstrom Paper、Ritrama、Sappi Paper、3M、Jujo Thermal、Torraspapel、Boise label&Release、斯道拉恩索、太阳化学、RUCO、HP Indigo、巴斯夫、FFEI和Hanita Coatings，以及跨国加工商，如Spear（美国）、Pemera（澳大利亚）、Skanem（欧洲）、Denny Bros（英国）、Mercian Labels（英国）、Etifix（德国）、Metro Label Group（美国）、McCourt Label（美国）和Grand Rapids Label（美国），这些公司也都获得了LIFE认证。许多其他国家标签加工商和欧洲加工商也都获得了ISO14001认证。

综上所述，ISO14001已经成为目前全球标签行业的主导标准。

此外，一些主要的欧洲标签造纸集团，如斯道拉恩索、芬欧汇川、

Sappi 和Torraspapel，他们的许多工厂都获得了EMAS认证。

在LIFE认证方面，领先的加工商包括Multi-Color公司、Smyth公司、Spear Europa、ITW Labels、WS Packaging Group、Yerecic Label、Label World、Grand Rapids Label Company和I.D.Images。UPM蓝泰、Channeled Resources Group和Mitsubishi Polyester Film也获得了LIFE认证。

虽然大多数期望获得环境认证的加工商都会关注ISO14001、LIFE或EMAS，但是，领先的标签加工商Spear公司，已经靠其自己的SpearEarth环境管理系统中取得了成功，该系统以精益六西格玛为模型。Spear是一家专注于饮料行业的压敏标签加工商，利用其精益制造的优势，通过解决固体废弃物减量、模切废边回收、新材料开发、供应链效率和外部认证等关键问题，推动环境性能和盈利能力的提升。

可以看出，标签行业确实采取了不止一条途径来改善环境管理体系和绩效——ISO14001、LIFE、精益六西格玛、EMAS，或者可能是企业内部管理体系。

公司具体的选择取决于能取得什么效果、客户是谁、他们的需求是什么、供应商有什么方案、公司的规模和位置、管理层和员工的技能、使用的现有标准或认证是什么（ISO9001、精益六西格玛等）。重要的是，他们正在采取行动。

1.3.2 全球大型零售商和品牌商不断推出环境计划

毫无疑问，沃尔玛（Walmart）和玛莎百货（Marks & Spencer）在很大程度上决定了全球及两家公司相对应的美国和英国国内零售商的“道德标准”，而且这一标准主要就是环境问题，因此这两个全球品牌值得更详细地了解。

英国国际零售集团玛莎百货无疑是一个积极的领导者，一直出现在许多正面新闻中。沃尔玛，全球最大的零售商，更像是一个被动的领导者，多年来一直是被批判的目标。然而，在2006年，沃尔玛开始了令人印象深刻的企业社会责任（CSR）计划。

从排名垫底的沃尔玛和排名靠前的玛莎百货来看，这两家公司一直在为整个零售业设定步伐。随着行业的不断发展，那些既不主动也不被动的公司往往会落在后面。

多年来，零售业由于供应链中的劳动力问题而备受批评，而现在零售业在碳足迹、产品上绿色或“生态选项”标签、生态纺织生产线、零售店或供应链的二氧化碳减排等方面有良好的表现，环境声誉得到了明显改善。例如，玛莎百货的“生态计划”包含碳中和、推动供应商提高可持续性、采用包装记分卡、减少传统塑料袋的使用以及销售有环境责任的产品。

玛莎百货于2007年1月推出了一项环保计划。在这项计划中，公司开始在包装中使用更多的回收材料，并计划增加更多的塑料回收设施，将其食品包装的回收率从68%提升到近90%，并在2008年将包装上的回收标识扩展到服装和家庭用品包装上。

玛莎百货透露，2009年底，当减少环境影响项目进行到一半阶段时，已经完成Plan A中规定的100个目标中的39个。根据当地权威机构的收集统计，现在91%的包装是可回收的，平均每件商品的总包装减少了15%，非玻璃包装的使用减少了25%。其他绿色能源成就包括：能源消耗从2006—2007年度的730度/m^2（67.9度/in^2）减少到660度/m^2（61.4度/in^2），商店利用率提升10%。

玛莎百货还获得了碳信托标准（Carbon Trust Standard），以表彰其通过Plan A减少碳足迹的努力。

与此同时，沃尔玛于2007年2月开始试行包装（和标签）记分卡计划，作为2013年前将全球供应链包装削减5%计划的一部分。记分卡从2009年初开始在沃尔玛英国Asda门店推出，要求商品的供应商提交包装及其环境性能的数据，包括温室气体的百分比、材料价值、产品/包装比、运输方式、回收成分含量、再利用价值，可再生能源与创新。供应商可持续性评估文件长达33页，包括能源和气候、材料效率、自然和资源、人员和社区等章节。

至于快消品巨头宝洁公司，承诺包装和标签中仅使用可再生或可回收的材料，并计划放弃所有石油基塑料，作为其可持续发展项目的一部分。在

2010年的可持续发展概要中，总部位于辛辛那提的宝洁公司制订了宏伟的包装计划，同时制定了雄心勃勃的废弃物、能源和运输目标。自2007年以来，宝洁公司的轻量化项目已经节省了约30万t包装材料。

除了包装目标，宝洁公司最新的可持续发展概要中的重要目标还包括：宝洁或其消费者实现零垃圾填埋；设计既对消费者有吸引力，又使资源最大化，所有宝洁生产工厂100%采用可再生能源，以及更进一步的包装减量化。

2010年，宝洁还宣布推出供应商环境可持续性记分卡和评级流程，以衡量和改善其主要供应商的环境性能。该记分卡评估宝洁供应商的环境足迹，并通过每年检测能源使用、水利用、废弃物处理和温室气体排放来鼓励持续改进。

另一个注重环保绩效的全球品牌是英国联合饼干公司，其品牌包括Penguin、KP Nuts、Twiglets、Jaffa Cakes 和Hula Hoops。公司的目标是到2015年实现垃圾零填埋，包装垃圾总量减少20%。自2003年以来，公司已经实现包装减量7%，而且按包装重量来说，超过80%的包装是可回收的。

派克研究公司（Pike Research）最近发布的一份研究报告进一步强调了可持续性的影响，该报告指出，零售商越来越多地参与到可持续性中来，称“他们的供应商需要做出回应，并认真对待这一问题”。报告还指出，“可持续包装行业的增长速度高于整个包装行业，2009年至2014年间，环保包装的收入将翻一番”。

越来越多的品牌选择环保包装以减少碳足迹，选择对环境负责的材料、使用更多可回收材料、持续进行材料减量和轻量化，努力做到最好地包装可持续性等。简言之，品牌所有者需要提高效率，增加盈利能力，降低环境足迹。

最近，减少废弃物的目标似乎正在从轻量化转向提升资源效率和减少碳排放。例如，在英国，Wrap（废弃物与资源行动计划）要求许多品牌和零售商签署《Courtaulds承诺》（CC2）第二阶段协议。该协议旨在提高资源效率，减少碳排放，以及食品零售业产生的更广泛的环境影响。在该方案中，碳影响的测量将基于对材料（包装和标签）的碳影响、有效可回收性和再循环含量的估计。

2010年1月，全球包装项目（GPP）成立，全球最大的品牌商和包装集团联合开发了一套通用的定义，GPP认为这是结束长期以来关于包装对环境、社会和经济影响的争论的第一步。GPP的目标是“寻找一种通用的方法来衡量包装在环境和可持续性方面的改善，并可在全世界通用”。GPP全球包装项目的初始成员如图1-4所示。

图1-4　全球包装项目GPP成员

1.4 可持续性——努力实现全球标准

2010年初，GPP在多伦多召开会议批准了有关可持续性的定义，这可能是结束长期以来有关包装对环境、社会和经济影响的争论的第一步。GPP一直在试行这一新的共同定义，以衡量包装的可持续性，目的是找到一种通用方式来衡量包装在环境和可持续性方面的改善，并能推广到全世界。

全球品牌拥有者和零售商正在采取行动并从中受益的案例现在已被广泛报道。其中许多倡议和行动将在第8章做进一步介绍。

过去几年，标签行业一直在努力开发合适的产品和解决方案，但现在需要更好地将这些努力与全球现有的和潜在的客户进行沟通。

普华永道（Pricewaterhouse Coopers）最近发布的一份欧洲报告显示，虽然每个人似乎都在谈论可持续性和可持续包装，但在全球范围内，对可持续包装的定义仍存在分歧、无知和困惑。报告还强调，可持续性已从一个利基问题转变为全欧洲包装行业高管考虑的核心问题。

一些可持续包装的法规和倡议的基础工作现在已经完成，并在2012年底颁布，这反过来要求越来越多的品牌商、包装和标签加工商印刷可回收标识。国际可持续包装标准和定义（最有可能基于当前欧洲体系）也完成制定，从而创建一个“全球协调一致的方法”。可持续包装定义建议应包括：

①考虑并有效减少包装重量和体积；

②通过可回收、可再利用或可降解减少垃圾填埋；

③减少空气污染和废水排放；

④延长保质期，减少损坏和污染；

⑤提升产品与消费者的有效沟通。

国际标准化组织（ISO）是制定可持续包装国际标准的组织之一。根据欧盟标准化委员会（CEN）制定的现有包装和环境标准，以及《欧盟包装和包装废弃物指令》的有关标准，ISO提出七个标准：

①源头减量；

②重复使用；

③回收利用；

④能源回收；

⑤化学回收；

⑥堆肥；

⑦生物降解。

此外，还将制定标准使用要求，其目的是建立一套“全球协调方法”，为其他区域或地方方案提供参考。国际标准化组织ISO14021标准于2012年春季获得批准。

在英国，英国零售商协会（BRC）于2009年春季启动了回收标签计划。OPRL（包装上的回收标签）计划旨在消除人们对哪些包装可以回收，哪些不能回收的困惑。该计划通过一款行业认可的标签为消费者提供关于包装可回收性的标准信息，从而取代之前可能令人困惑的一系列标识。WRAP（废弃物与资源行动计划）提供技术支持，并监督标签的正确使用，审查地方当局回收能力的变化，回收能力决定每种包装材料所能采用的贴标类型。

新的包装回收标签有三个类别，取决于客户的当地主管部门接受特定包装材料进行回收的可能性："广泛回收""检查当地回收"和"当前未回收"，如图1-5所示。包装上的标签告诉消费者某个特定的包装在他们居住的地区回收的可能性，以此来提高包装回收率。

图1-5　BRC旨在提高回收率的标签

到目前为止，已有100多家公司签署了新的通用包装回收标签。按营业额计算，英国大多数杂货零售店目前都参与其中，还有很大一部分是非食品零售店。

在美国和加拿大，可持续包装联盟（SPC）设计一款包装标签，旨在提高包装再循环利用率和回收覆盖范围。这是在ISO14021标准和联邦贸易委员会环境营销声明绿色指南的框架下制定的。BRC通用包装回收标签（如上所述）是设计可行性系统的模板。

1.4.1 摇篮到摇篮认证

摇篮到摇篮认证为标签公司提供了一种切实可靠的手段，以衡量在环境设计方面取得的成就，并帮助客户采购更广泛质量定义的产品，这意味着使用环境安全和健康的材料；材料可循环再利用，如回收或堆肥；使用可再生能源并提升能源效率；水资源有效管理，确保生产相关的最高水质；以及确定企业的社会责任。

摇篮到摇篮认证实际上是一种多属性生态标签，评估产品对人类和环境的安全性，设计时考虑产品未来的整个生命周期。与单属性生态标签不同，摇篮到摇篮认证采用综合方法评估产品的可持续性及其制造过程中的环境实践。

绿色产品创新研究所（GPII）将逐步承担管理和进一步开发由McDonough Braungart公司的William McDonough和Michael Braungart创建的产品生命周期分析的“摇篮到摇篮认证”协议。到目前为止，大约有100家公司在开展摇篮到摇篮认证，有300种产品通过了该认证。如图1-6所示为摇篮到摇篮认证标识。

图1-6　摇篮到摇篮认证——多属性生态标签

1.4.2 消费者行动和要求

不仅仅是品牌所有者、零售商、行业供应商和加工商希望世界变得更加“绿色”，现在有许多“绿色”相关的组织参与其中，如“地球之友”“绿色和平组织”和“世界自然基金会”，与此同时，消费者也迫切要求采取进一步行动保护环境。

在最近的调查中，近四分之三的消费者表示，他们希望看到所有食品上都有碳标签。根据英国进行的最新研究，近四分之三的受访消费者表示，更清晰的碳标签将有助于他们选择“绿色”的产品。不过，调查还强调，消费者也存在很多困惑，他们“根本不明白碳足迹到底表达什么意思”。

调查强调，消费者需要了解更多有关碳足迹的信息，以便他们可以比较碳足迹标签。但问题是，碳足迹标签目前是自愿的，有些品牌所有者这样做，有些则没有。在另一项研究中，只有四分之一的消费者知道包装中的可再生材料，甚至很少有人听说过FSC。

一些全球领先的消费品制造商提出了消费者倡议。例如，可口可乐公司于2006年11月成立了一个特别的材料再循环公司——可口可乐回收有限责任公司，以实施对成本效益高的包装材料的回收，包括塑料、铝、纸板和塑料薄膜。为此，可口可乐公司在美国以及全球其他国家建立了集中回收中心，还投资成立路边废弃物回收公司，这也帮助塑料瓶的回收率提升至90%。

在美国的举措是可口可乐公司在全球范围内加大塑料瓶回收力度的一部分，目前，可口可乐在瑞士、墨西哥、奥地利和菲律宾也开始投资建设回收设施。

在英国，可口可乐与非政府组织“废弃物与资源行动计划”（WRAP）一起开展PET塑料瓶回收，并将PET瓶重新制成食品级塑料。可口可乐在英国举行“垃圾回收天才计划”，根据承诺参与回收的球迷数量，向足球联盟中的俱乐部提供青少年发展资金，旨在提高当地所有材料的回收率。可口可乐还推出一项节日回收计划，2010年回收约92340个PET瓶，减少162t温室气体排放。

这些计划都是可口可乐旨在制定更广泛的鼓励消费者回收计划的一部分。

在类似的计划中，百事可乐向消费者做出包装减量、重复使用和循环使用的承诺，这是百事可乐在2015年前将水的使用量减少20%，能源使用量减少20%，燃料消耗量减少25%的目标的一部分。“百事生态挑战”这项倡议主要是关于回收和环境，百事正在采取积极措施，将这项倡议作为首要任务。生态挑战包括百事承诺支持并向消费者提供培训的三个方面：能源、水和包装。

另一家全球公司星巴克目前将纽约作为回收咖啡杯的试点城市。如果成功的话，这意味着每年至少可实现30亿个咖啡杯循环再生，而不是进入垃圾填埋场。

1.5 展望未来

标签和包装领域的每个人都必须清楚，到目前为止，可持续性、环境和废弃物问题在未来数月和数年内将会受到更多的关注。

例如，巴西政府在2010年通过固体废弃物处理法规，这是全球范围影响深远的立法之一，标签底纸废弃物将面临更大的处理压力。据知名的巴西加工商称，这项立法将标签底纸视为“反面角色”。底纸不能被填埋或焚烧，必须进行收集和回收。其他国家也在考虑制定类似的法规。

正努力获得或已获得ISO14001，LIFE或EMAS认证的加工商能够获得环境管理认证，或者满足客户相关的环境要求、CoC或记分卡合规计划，并且在回收标签和底纸废弃物方面做得最好。毫无疑问，这些加工商处于这场旨在建立一个更清洁、更安全和更健康的全球革命的最前沿。在瞬息万变、环境问题日益严峻的世界，他们也最应该赢得新业务。

也许许多国家或地区正在提出自己的环境改善要求，而加工商可以决定等到这些要求变得更清楚之后再采取行动。但到那时可能已经太晚了，因为对于那些无法满足新的环境要求的加工商来说，他们的利润已经悄悄溜走了。至少一个国际标准，也许是ISO14000系列，或许可以确保区域或国家与良好环境实践的理解方面没有冲突。无论如何，考虑到任何地区或当地的变化或要求，ISO14000都能适应，另外也可实施LIFE或EMAS认证。

对标签和包装加工商来说，没有任何退路可以选择。必须不断改善并达到国际环境标准，发展更可持续的工作方式，寻找新的材料和解决方案，改变管理业务和处置废弃物的方式。存在哪些挑战？

①未来几年，环境和可持续性将成为标签行业面临的最大问题；

②有必要为加工商提供更好的指南，以解决环境和可持续性问题；

③需要付出更多努力来解决最终用户面临的挑战——标准、标识/方案的合理化等；

④标签行业应更多地参与/加入到解决环境和可持续性问题的全球/全国的工作组中。

对标签行业来说，只有解决好这些挑战，才能快速向前发展，并将环境和可持续政策纳入全球环境管理计划中。即使在今天，标签加工商也需要在良好实践的基础上开发和实施环境管理和审核系统。

本书中提及和详述的内容可作为一个工作框架，有助于加工商获得ISO14001认证、LIFE认证，或加入其他计划，如FINAT回收计划、FSC、PEFC、Carbon

Trust等，并了解这些认证或计划如何通过共同目标联系在一起。

应该记住，标签加工商的业务扩展和盈利战略与环境战略是相一致的，目标都是减少浪费、减少能源使用、更可持续、降低成本，并尽量减少装卸和运输作业，两者都有很好的商业意义。

加工商可能采用的环境管理政策指南如下。

XYZ标签公司环境管理政策

总则

①持续关注环境、标准和最佳实践，以便在必要时付诸实施，并向客户提供相应的建议；

②努力改善环境性能，并致力于持续改进，以开发更可持续的标签解决方案；

③关注环境，致力于为客户提供获得认证的环保材料和印刷解决方案；

④独立审计师会定期对我们进行评估，以确保达到（ISO、LIFE、EMAS、FSC等）或超过相应的环境标准；

⑤投入必要的时间和资源为员工提供环境培训；

⑥支持对消费者、公众和政府提供有关我们产品和服务环境情况的教育；

⑦促进社区环境意识的提升。

第 2 章

环境管理和审核系统的开发

毫无疑问，实施一个（或多个）环境管理和审核系统（如ISO 14001、LIFE或EMAS）的标签公司能够显著减少材料（承印材料和油墨）浪费；提高制造效率、减少停工时间；提升水和能源利用；帮助客户实现包装或标签减量或轻量化；在解决共同的环境问题上与客户建立更好的合作关系；并能在标签废边处理或用作燃料能源（颗粒化）或在建筑材料的再利用方面寻求新的解决方案。

简而言之，满足环境准则和标准已被证明是一个明智的、具有成本效益的商业决策。有些公司甚至能够提供有据可查的、实实在在的成本节约，这使得投资环保类项目有更多理由。

考虑到各种可用的方案，ISO14001通常要求（包装或标签）公司内制定环境政策，并得到高级管理层的全面支持，并面向客户、员工和公众开放。该政策规定公司遵守现行环境法规，并强调对持续改进的承诺。与之前的ISO9000一样，ISO14001环境管理体系要求进行定期审核，以确保其有效性、达到规定的目标，并继续按照所有适当和相关的法律、法规和标准执行。

TLMI制定的LIFE是专门面向窄幅印刷行业的认证，该认证确定了清洁生产技术、减少浪费、改善水和空气污染物、减少温室气体排放的标准，所有这些都有效降低了加工商的环境足迹。

LIFE认证最初仅面向所有TLMI会员，但TLMI董事会的目标是使LIFE认证最终成为窄幅印刷行业所有供应商和加工商环境责任的全球标准。

为了协助会员评估和改善其环境绩效，TLMI还开发了一个记分卡，使成员能够按以下四个类别或要求进行评估：

①清洁生产；

②能源和温室气体；

③产品设计和环保首选材料；

④管理实践。

这些要求是建立在可持续包装联盟（SPC）指南的基础上的。

该记分卡使TLMI会员及其客户能够评估与特定公司或产品生命周期最相关的绩效特征，目的是让会员通过提交第三方认证来获得LIFE终身印章。与记分卡一起使用的认证过程是从其他行业标准和管理体系（如ISO14001）的审核和认证中发展而来的。

ISO14001和LIFE认证之间的主要区别可能在于，后者的某些方面对标签印刷行业更为具体。例如，在ISO方案中，加工商将记录材料和能源使用情况，并尝试减少消耗，并没有太大压力去推动。然而，LIFE更像是一个不断改进的过程，加工商努力在各个方面变得更好，将不得不更多地考虑印刷过程。在这方面，对于一些加工商来说，获得LIFE认证而不是ISO14001认证可能是一个更可接受的过程。现在有一些印刷商两个认证都有。

而对于欧洲生态管理和审核体系（EMAS），这是公司和其他组织评估、报告和改善其环境绩效的自愿管理工具。同样基于ISO14001，最新版EMAS包括建立一套行业方法，以促进环境管理方面的最佳实践，并将EMAS延伸到非欧盟国家。

EMAS的修订还包括加强遵守环境立法法规和环境报告的内容，以及使用核心绩效指标报告能源效率、材料效率、水、废弃物、排放和生物多样性等。

除了上述国际和行业环境管理和审核计划外，沃尔玛、宝洁和强生等领先品牌所有者和零售商也建立了可持续性评估记分卡计划。这些计划针对相关公司，要求其（包括标签和包装）供应商满足并持续改进环境和可持续性能。

例如，沃尔玛“可持续发展供应商评估”要求供应商完成15个问题，涉及能源和气候（目的是降低能源成本和温室气体排放），材料效率（减少浪费），自然和资源（负责采购原材料），人和社区（着眼于充满活力、富有成效的工作场所和社区）。该计划可与加工商实施的其他环境管理和企业责任计划相结合。事实上，这将确保加工商在沃尔玛的评估中取得好成绩。

宝洁公司于2010年9月宣布推出“供应商环境可持续性记分卡”和评级流程，以评估和改善其主要供应商的环境绩效。这一新的记分卡评估宝洁供应商的环境足迹，并通过每年测量能源利用、水利用、废弃物处理和温室气体排放来鼓励持续改进。

希望宝洁公司这项开创性的工作为行业标准奠定基础，记分卡将是可供任何组织使用的“开放代码”，以促进行业讨论，并确定面向所有行业的共同供应链评估流程。宝洁公司采用记分卡的目标是加强供应链协作，评估和改进关键的环境可持续性指标，鼓励分享理念和技术，为消费者提供更可持续的产品和服务。

记分卡是专门为鼓励同比提升而设计的，不考虑供应商的规模或其可持续发展项目执行阶段。一旦第一阶段工作开始执行，宝洁主要供应商名单就将开始确定。供应商将有一整年的时间准备数据，以免评分对宝洁供应商评级产生不利影响。未来，宝洁将使用记分卡确定每个供应商的可持续性评级，作为公司年度供应商绩效评估的一部分。

强生“可持续性准则”和记分卡关注的问题，包括源头减少、消除重金属和危险物质、包装可重复使用、最大限度地利用再生材料、使用可再生资源达到或超过监管要求，目标是确保强生能够与具有最佳环境实践的供应商合作。

无论标签加工商是通过客户（如宝洁、沃尔玛或强生）推动实施环境可持续性记分卡，还是已决定实施下列环境管理系统之一，如ISO14001，LIFE或EMAS，或希望建立自己的环境改善计划（正如Spear集团通过使用六西格玛所做的那样），大家都有共同的关键目标：

①实施环境管理体系，以评估、管理和改善公司的环境足迹。

换句话说，建立一套环境管理体系；

②确定标签厂必须或可以采取行动的关键领域，并制定成本效益高的解决方案，以减少环境足迹。

计分卡、检查表、审核、监控系统，或许还有认证，都可以根据具体的方案或计划来使用。所以让我们更详细地了解标签加工商环境管理系统的组成。

2.1 实施环境管理体系

环境管理体系（EMS）应是标签加工商总体管理体系的一部分，旨在为公司环境绩效的持续改进提供一个框架，并与其他可能正在使用的管理体系（如ISO9000或六西格玛）完美地结合在一起。所实施的环境管理体系（无论是哪种）通常包括以下部分或全部内容：

①编写环境政策声明；

②制定实施政策的组织管理结构；

③提供有关人员和工作职责的信息；

④阐明环境审查和规划过程将包括哪些内容；

⑤制定关于将要使用的做法、程序和过程的准则；

⑥提供关于为开发、实施、检查和实现环境管理系统而提供的资源的信息；

⑦建立审查、维护和改进环境管理体系和政策以及管理报告的程序。

在图2-1中可以看到简化的形式，我们需要更详细地研究以下这些阶段。

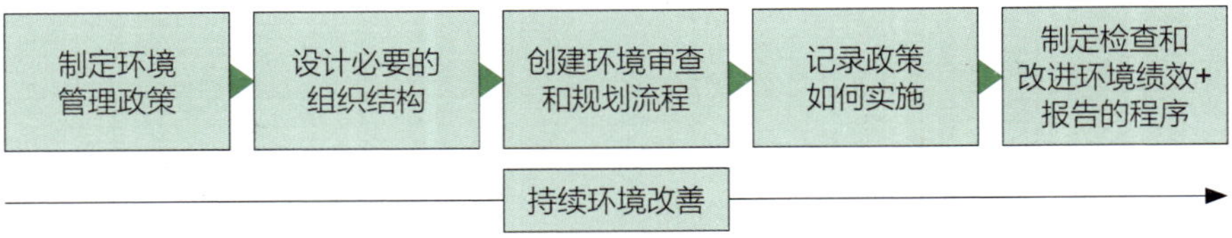

图2-1　实现持续环境改善的过程

2.1.1 制定环境管理政策

标签加工商的环境管理政策应是一份清晰、简明、一致且有文件记录的声明，以便公司阐明其对经营环境的使命。这是加工商对可持续性承诺的第一步，必须以消费者的方式书写，以便清晰地与所有员工、供应商、客户，甚至消费者和公众沟通。

该声明旨在确认公司在管理环境问题方面持续改进的承诺，包括尽量减少浪费、减少碳足迹、改进原材料的使用和采购、改进回收利用、建立清洁的制造环境，减少污染和排放，提高能源和水的利用效率，如图2-2所示。

政策声明应适用于公司的所有运营部门，并包含政策实施中的关键承诺。所有的目标都应该是可以衡量的，可以实现的，切实的，并且有时间限

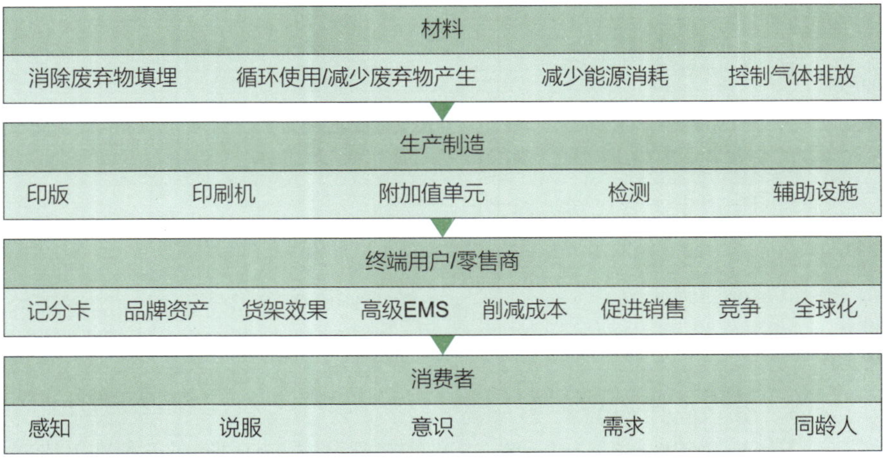

图2-2　加工商的环境政策如何影响公司、员工、材料供应商、生产流程、客户甚至邻近建筑、承包商、消费者和公众的示例

制的。理想情况下，所有内容不应超过一张纸。一旦制定并达成一致，就需要由公司高级管理人员签署，以证明这是公司政策，并应定期审查和更新。标签加工商可能采用的环境管理政策指南如下，并在本章末尾再次强调，以供快速参考。

环境管理政策

XYZ标签加工商致力于成为在生产和非生产时间最有效地利用能源的行业领导者。我们实现这一目标的战略要点是：

①持续监控环境问题、标准和最佳实践，以便在必要时实施，并相应地向客户提供建议；

②遵守所有相关环境法规；

③努力改善环境绩效，并致力于持续改进，以创建可持续的标签解决方案；

④关注环境，致力于为客户提供经认证的绿色材料和印刷解决方案；

⑤尽量减少废弃物，消除垃圾填埋；

⑥积极促进内部以及客户和供应商之间的回收利用；

⑦鼓励有效利用能源、公用事业和自然资源；

⑧尽量减少有毒气体排放，并使用一个认可的计划来抵消公司产生的温室气体排放；

⑨由独立审计师定期评估，以确保达到（ISO、LIFE、EMAS、FSC等）或超过环境标准；

⑩投入必要的时间和资源，为员工提供环境培训，并争取他们的支持，以提高公司的业绩；

⑪支持对消费者、公众和政府进行有关我们产品和服务的环境概况的教育；

⑫提高社区的环境意识；

⑬评估对环境的影响，并制定持续改进的目标。

然后，发布的环境管理政策声明应与一系列其他与就业有关的政策一起，如纪律规则和程序、平等机会、疾病和缺勤等政策，保存在公司的就业文件夹中。

2.1.2 组织结构

在标签加工企业中，总裁、总经理、董事、副总裁和产品经理负责执行环境管理政策，建立必要的环境管理体系，并将其与所有业务活动同等优先。显示各种环境责任的组织结构图也可以提供环境系统如何实施。

公司应致力于与所有利益相关方就环境、健康和安全事项进行有效沟通和协商，并在内部和公开（如有要求）报告业绩。

将通过分级管理层实施，分级管理层将让员工参与明确和实现公司的环境目标。当所有员工作为一个团队工作时，会取得最好的结果。自始至终，承诺和支持必须来自最高管理层，他们应该以身作则。

2.1.3 创建环境审查和规划流程

在实施环境管理体系之前，建议加工商对公司的所有过程和产品进行初步审查或分析，以确定其运营，甚至未来运营的所有要素对环境有影响或与环境相互作用。经过审查，加工商应该能够建立环境目标和具体指标。理想情况下，这些应是可测量的，并制定控制和管理程序和流程，以及强调任何法律或监管要求。

审查还将使加工商能够确定实施该系统所需的资源，以及公司的哪些人员将负责实施和控制。

2.1.4 系统实施的记录

在审查和分析以及确定负责实施该系统的人员之后，有必要记录所有不同的过程和程序，包括操作控制和文件控制，并建立必要的响应。

一旦建立了人员、程序、流程和文件，几乎肯定会要求对员工进行教育和培训，使其能够实施必要的流程并记录结果。从最高管理层到各级的全公司参与和沟通被视为实施阶段的一个关键部分。

2.1.5 检查和改善环境绩效的程序

为实现环境绩效的持续改善，有必要监测并定期检测进展情况，以确保加工商的环境目标得以实现，以及确定系统是否得到适当实施，程序和过程是否得到充分维护和监测。

有计划的、定期的管理评审可以从监测和进度测量阶段获得反馈，以确保环境管理体系的目标达到要求，评估任何实施环境的变化，无论是法律、法规还是公司，然后提出必要的可以改善系统的建议。这些建议将反馈到系统中，在随后的审查之前予以考虑。

2.1.6 环境绩效报告

使用环境绩效指标或客户或行业记分卡，将大大有助于标签加工商在其企业内确保环境信息的透明度、清晰度和可比性，无论是向员工、供应商、客户、当地社区，还是向投资者、股东和金融机构报告。

①向员工汇报。向员工提交定期环境报告应是公司环境政策的关键部分。这可以单独进行，或通过部门会议，或在工作委员会或其他有组织的会议，或作为公司通讯的一部分。该报告可包括有关环境政策声明和体系如何实施的信息、员工环境培训的计划和/或机会，以及有关员工工作条件如何与事故、安全和环境绩效相关的信息。与员工的讨论和反馈也有助于提高环境意识。

②向供应商汇报。标签材料、油墨、光油、化学溶剂、清洁设备等供应商可以在标签加工商向更加环保和可持续发展的方向发展中发挥重要作用。

供应商可以在信息、支持、研究和创新等方面提供帮助，因此有必要将供应商与环境反馈和报告联系起来。

③向客户汇报。如今，越来越多的标签加工商的客户要求供应商提供特定的环境指标，并作为其采购政策的一部分。一些加工商以记分卡的形式介绍环境报告，另一些则在寻求可持续性改进，而定期反馈或报告是必不可少的。客户需要什么样的信息，需要什么样的改进，可能会通过相互联系和合作来解决。

④向社区汇报。从标签加工商的角度来看，一系列健康、安全和环境问题可能会对当地社区产生影响。因此，加工商希望向社区发布感兴趣的信息。这可能包括使用、排放或处置对当地环境产生影响的材料、物质或排放物（化学品、溶剂、气体等）的信息，或公司的联系信息，或处理投诉或违反当地或国家细则或法规的信息。

⑤向投资者、股东、金融机构报告。虽然可以认为，在这一级别上报告环境信息只适用于较大的加工商，但事实上，即使是小标签公司，其银行或保险公司也可能会询问其是否有环境战略。在续保或寻求银行贷款时，可能会出现此类问题。事实上，对于一个加工商来说，让他的银行和保险公司了解其环境活动的最新情况可能是一个很好的商业惯例。这表明他们了解环境和财务信息之间的关系，以及企业层面的环境和业务战略之间的关系。

2.1.7 确定标签公司需要采取的行动

一旦建立了环境管理体系和政策并建立了组织结构，那么标签加工商将需要审查公司的所有过程和产品，以确定对环境有影响的要素和领域。无论是通过与ISO14001、LIFE、EMAS或某个最终用户记分卡系统合作，加工商几乎肯定会考虑以下部分或全部内容：

①标签材料的选择和使用；

②标签生产性能/清洁生产；

③标签厂的废弃物管理和处置；

④产品性能；

⑤运输和配送。

再详细地看一下这些领域，很快就会发现潜在的环境效益和可带来的节约。当然，许多领域将出现在主要标签用户的采购程序或可持续记分卡提出的问题中，如：

①是否制定可公开获取的可持续性采购指南，以解决环境合规性等问题？

②是否制定了公开的固体废弃物减少目标？

③是否制定了公开的减少用水目标？

④是否采取措施减少公司温室气体排放？

⑤是否进行过能源效率审核？

综上所述，标签加工商生产过程和产品中最常见的需要评估和采取行动的领域如图2-3所示。所以，让我们更详细地看一下这些领域。

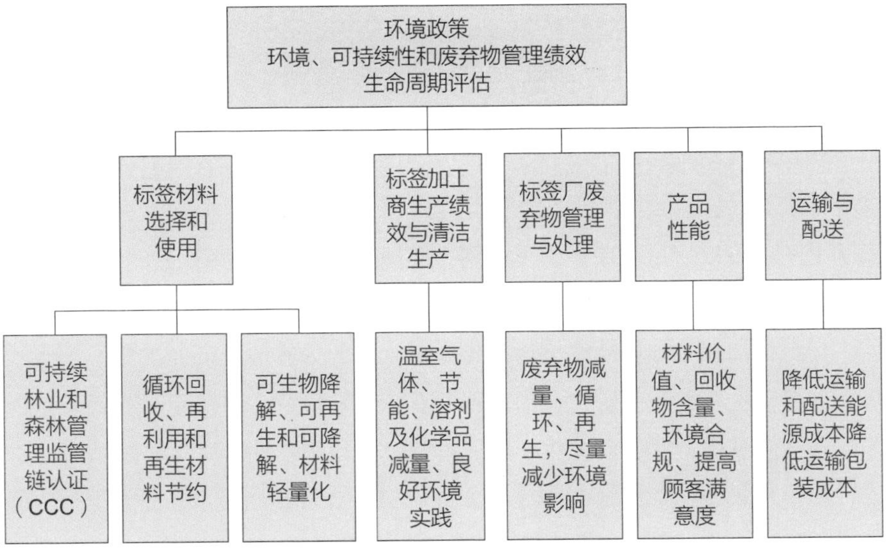

图2-3　标签加工商环境策略中的关键生产和过程元素

2.2 标签材料的选择和使用

无论标签是哪种类型，自粘标签、湿胶标签、收缩套筒标签、缠绕标签、模内标签，都利用纸张、塑料、合成材料或其他材料来承载印刷图像，随后应用于各种产品或容器。标签材料是最终用户付费的关键因素之一，而且，在当今全球环境压力下，标签材料面临越来越大的压力，标签必须更环保、更可持续和更易于处理。

在世界范围内，现在有大量值得称赞的倡议，经常有正式的计划和特殊的包装或标签标识支持，加工商现在可以加入：可持续森林产品、可持续绿色印刷、碳足迹标识、监管链认证、记分卡计划、可堆肥包装标识等。所有这些都将引领包装和标签行业进入更“绿色”的未来。

有些标签需要与容器一起回收，或者在使用后的某个时间洗掉或去除。其他标签可能需要堆肥或要求不含某些化学物质。对标签基材的要求似乎每天都在增长，无论是从加工商的角度还是从客户的角度，甚至包括最终用户，或环境团体的角度。国家和国际立法也对标签生产、模切排废和标签底纸等废弃物的处理施加更大压力。

例如，自粘标签底纸废弃的解决方案层出不穷，世界各地的计划都将这些底纸废弃物转化为燃料颗粒，转化为建筑和装饰木板，或加工成酒店或飞机洗手间擦手纸。另一项举措是将混合的塑料废料加工为耐用、轻质的路缘石，以取代混凝土。随着这些回收措施的发展，标签底纸和包装废弃物的整体将变得更加积极和可持续，这些工作对今后的标签加工至关重要。

如今，主要的标签用户，如品牌所有者、零售商、消费品制造商等，越来越多地向其标签供应商提供环境或可持续性评估文件，对材料效率提出要求，如使用来源可靠的原材料（以高效、道德和环境负责的方式制造），第三方认证（CoC）的材料供应链，材料生产地点和方式以及材料废弃物处理的透明度。

综上所述，所有这些举措促使标签材料朝着更轻、更薄的方向发展，可持续管理的森林纸产品、标签纸加入再生材料、无化学溶剂标签纸、可生物降解基材、可堆肥标签、玉米淀粉和其他生物标签膜、可回收等级，环保或可循环使用的黏合剂、监管链认证和一整套标签废弃物回收、再循环使用和再加工解决方案。

所有这些领域的环境和标签材料的可持续性将在第3章中进一步阐述。

2.3 标签加工商生产性能以及清洁制造

标签厂生产环境包含各种材料、油墨、黏合剂、涂料和光油、化学品、油脂、水、能源和光。捷拉斯公司的研究强调了生产环境中可以改善的地方，包括标签印刷机或周围设备可能出现的浪费以及需要改善的环境性能、能效和废弃物减量等方面，同时还提及对这些区域的监管程度问题，如表2-1所示。

表 2-1　印刷车间环境中可能出现浪费的区域

印刷机消耗的资源		印刷机产生的	
几乎无须监管	无须监管	需要良好监管	
承印材料	电力	热量	标签废弃物
油墨	水	气味	
工具	空气	噪声	
辅助材料		分解产物	

毫无疑问，在环境管理和记分卡系统中，生产环境日益突出的问题是降低能源成本和温室气体排放。标签加工商将采取的行动包括采取措施减少温室气体排放，温室气体已被证明是造成全球平均气温上升的主要原因。这些气体排放包括二氧化碳、甲烷、氧化亚氮和各种其他气体，工业燃烧化石能

源来加热和发电，已经成为温室气体第二大排放源。

因此，标签加工商的目标应该是首先测量能源使用量，然后提高能源和燃料效率来降低燃料和公用事业成本。在可行的情况下，应使用可再生能源，如太阳能、风能或水能，一些标签加工商甚至在工厂现场生产可再生能源。

提高水的利用率在标签厂也越来越重要。洗涤和卫生设施、淋浴和厕所、冷却、空调和供暖系统、员工食堂、生产过程、清洁和景观浇水是主要的用水场合。同样，采取措施测量和监测用水情况，然后在不同部门或车间制定节约用水的目标，不仅在环境上是值得的，而且在降低用水成本和帮助确保可持续供应方面也是值得的。雨水或处理过的废水的收集和使用，如冲洗厕所或景观用水，对于某些加工商来说可能是经济可行的。

印刷油墨有四种主要成分：清漆、溶剂、色料和添加剂，其各自都会对环境造成危害和挑战。

例如，清漆制备被认为是印刷业最大的排放源之一，在清漆制备的加热和冷却过程中释放出臭味，包括树脂、干性油、石油和溶剂的排放。

常用溶剂包括丁醇、乙醇、乙二醇醚、庚烷、正己烷、甲醇、矿油、甲苯和二甲苯。印刷工业中使用的大多数传统溶剂是挥发性有机化合物。事实上，美国印刷业的VOC排放量据说位于美国环保署列出的18个工业部门中的第五位，仅次于金属制造业，领先于汽车、车身、零部件和配件行业。

印刷业中的挥发性有机物会导致许多健康问题。当存在足够的紫外线辐射时，会导致地面臭氧的形成，这是一种刺激物，会导致烟雾的产生，也是一种可能的致癌物。许多挥发性有机化合物对皮肤、眼睛、肺和喉咙都有刺激性。

虽然这些年来印刷业中重金属的使用量大幅度减少，但仍有一些在使用。例如，氧化钛、铬酸盐、钼和铁被用作颜料；钴和锰用作干燥剂；氧化钛用于珠光颜料；铝和黄铜存在于金属油墨中。这些重金属会造成严重的环境问题，例如可能渗入地下水，进而导致人类和野生动物的严重健康问题。

油墨添加剂的使用通常不到油墨总成分的10%。然而，它们仍然可能造成环境污染。

标签厂使用的传统印刷油墨会对空气和水造成一些环境问题，但有一些替代品危害较小。例如，植物油基油墨，如报纸印刷行业中长期使用的油墨，可以减少或消除油墨中的矿物油，节约不可再生资源，减少VOC排放。由可再生资源制成的、矿物油含量低于1%的植物性油墨可以盛装在大桶中，而不是包装更浪费的小容器。

对于标签印刷来说，虽然植物油基油墨最适合采用平版印刷和凸版印刷，但水基油墨无疑已被证明既适用于丝网印刷，也适用于柔性版标签印刷。其最大的优点是大大减少了溶剂的排放。印刷机使用水基油墨时面临的挑战包括更长的干燥时间和较高的表面张力。当然，使用辐射固化油墨则不会出现这些问题。

辐射固化油墨通常不含溶剂。尽管这一过程会显著减少VOC的排放量，但紫外线固化系统可能会带来特有的问题。例如，辐射固化油墨使用丙烯酸树脂，丙烯酸树脂有刺激性，紫外线辐射对皮肤有害，而紫外线干燥箱会把空气中的氧气分解聚合成臭氧。此外，只有当紫外光照射时，紫外光固化油墨才会干燥，而紫外光干燥箱会消耗大量的能量，尽管低能量（冷却）系统现在得到了更广泛的应用。

可能需要检查的其他生产环节包括制版，其中CTP（计算机到制版）技术消除了对胶片和相关化学品的需求，CTP版材还可以循环使用。

第4章将对标签加工商的关键环境问题进行更详细的分析，主要关注建筑、能源、紫外线固化节能、环保油墨和工艺、水回收、温室气体、生产性能和照明系统。

2.4　标签厂固体废弃物管理与处置

在谈到标签厂的废弃物时，加工商可能首先想到的是生产废弃物，例如试机废品、搬运损坏产生废品、印刷废品（印刷故障、套印不准等）、模切排废和边缘切割、卷尾、卷芯等。根据标签类型和工艺，可能还包括纸张、塑料、金属和镀金属材料、各种不干胶复合材料、合成纸和印刷机周边的其他日常损耗。

最近的研究表明，标签生产过程中平均有17%的材料损耗，只有83%的成品标签最终卖给客户。此数字不包括模切排废、边缘修整和底纸废料。最好的标签厂材料的损耗率不超过3%或4%。

当然，最终用户一直在寻求“更绿色”和更环境友好的产品，并希望他们的标签加工商能够研究、支持和鼓励生态标签材料的开发，减少或消除材料废弃物垃圾填埋，并引入可生物降解或可堆肥的标签材料。

标签纸和薄膜的减薄和轻量化将越来越普遍，鼓励开发新的纸纤维原料，生物塑料也在迅速发展，可生物降解的黏合剂应用越来越普遍，同时对可循环和可再生材料的需求也越来越大。

然而，标签加工商的废料远远不止是标签材料和印刷机操作人员所担心的那些，还包括各种办公垃圾、进货包装垃圾（如纸板和瓦楞纸箱、塑料薄膜和收缩材料）、料卷或片材包装纸、印前或制版过程所用的化学品、旧的或损坏的印版、木托盘、脏抹布和清洁材料、油墨容器和废弃油墨、纸巾、电气设备和电池，甚至花园垃圾。几乎所有这些废料都可以循环利用，有些甚至还可创造利润收入。

因此，标签加工商的固体废弃物管理计划需要涵盖所有领域，并建立、监控和改进废弃物减少计划。所有工艺都应不断改进，以确保将任何形式的损耗降到最低。所产生的废弃物都尽可能分离成不同的类型，以便于回收或再加工，同时使用废弃物收集和压缩系统有效处理印刷和印后加工的所有纸张废弃物（可能是塑料废弃物），以便回收利用。

任何危险废弃物都需要放置在可密封的容器中，并通过废弃物收集公司进行处理。

本书的第5章对标签厂的固体废弃物管理问题和解决方案进行了更全面的阐述，包括简化制造、检查系统以及固体废弃物回收和再循环方案。

2.5 产品性能

全球品牌所有者、零售商和主要买家越来越多地要求其包装和标签供应商提交有关其包装/标签的数据和信息及其环境和可持续性绩效，这些信息可能包括：

①计算碳足迹并报告在采购、制造和运输过程中产生的温室气体百分比；

②满足市场和环境绩效和成本标准；

③计算产品/包装比和运输对环境的影响；

④计算和优化回收含量、处置方案和回收价值；

⑤引入可再生能源和产品创新；

⑥确保使用清洁生产技术和最佳环境实践生产产品；

⑦提供供应链透明度和第三方认证。

毫无疑问，所有这些都需要投资回报率（ROI）。其中一些项目可能是无形的，但无形资产对品牌绩效、品牌识别和可信度都有好处。这是建立商业战略和开拓商业机会的时机。

标签用户所寻求的与环境、可持续性和产品性能要求相关的大部分内容都是基于可持续包装联盟（SPC）制定的指导方针，该联盟是一个致力于为包装（包括标签和贴标）创造更强大的环境愿景的行业组织。

根据SPC的说法，实施这些指导方针的最终目标是“所有的包装都是负责任地采购的，在其整个生命周期中都是有效和安全的，满足市场对性能和成本的标准，完全使用可再生能源生产，使用过后可以有效地循环利用，并为后代提供宝贵的资源”。

这些主题将在第6章中加以阐述。

2.6 运输和配送

运输和配送对于任何企业的供应链都是不可或缺的，包括货物的进出。在当今竞争激烈的商业环境中，物流和运输带来的节约和效益都可以提供竞争优势。一些公司甚至在运营中引入了“办公里程”的概念，这是产品在整个生产过程中，从原材料到成品，再到客户之间的距离。这一概念的部分含义是尽可能在当地采购原材料，这不仅有助于当地经济的发展，也有助于环境的改善。

不少公司已经采用最新的卫星跟踪和导航技术来规划车队中每辆车的路线，无论是销售团队还是送货车。只需要待在公司办公室，就可以控制和组织每次销售访问或客户交货，以尽可能减少环境影响。其他因素包括购买更省油的车辆、使用优化送货或销售访问软件、路线规划和共享用户方案。

运营环节和车辆是许多企业首先可以做出调整的方面，以降低运输和旅行成本。通过建立一些常识性的“道路规则”，许多公司挖掘提升燃油效率的潜力。大多数外部销售和道路运输业务中，燃油至少占到运营成本的30%，因此改进燃油管理是非常有效的措施，从道路开始，提高运营效率。

从业务角度来看，运输和配送业务中相对简单的措施可包括：

①定期/例行设备维护和维修；

②驾驶员培训、跟踪和激励计划；

③发动机控制模块，用于调节最高转速、巡航速度、转速和怠速时间。

帮助员工有效地规划行程，鼓励他们安全高效地驾驶，也有助于降低燃油成本，提高企业的环境和安全绩效。教育员工交通对环境的影响，鼓励他们步行、骑自行车或使用公共交通工具进行通勤和商务旅行，有利于他们的健康和财务。这也可能有助于减少病假、增加工作人员留用概率和改善当地空气质量。

关于提升车辆利用效率方面，公司可以通过降低燃油成本和减少磨损来实现显著的成本节约。还可以通过更具成本效益地利用员工的时间，释放以前用于停车的土地的潜力来节省资金。所有企业都有责任确保正常使用的任何车辆都适合在道路上行驶，并符合废气排放标准。

同样重要的是要认识到，不同的运输方式对发货和交付的产品造成不同的损害，这包括运输公司或快递业务。由于涉及大量的装卸，由运输公司提供的隔夜交货通常会带来最大的破坏性冲击。虽然公共承运公司运输也是充满变数的，但相比隔夜配送环境，对产品破坏程度有所减轻。国际货物配送与国内配送也有很大不同。因此，配送环境本身是多变的，量化配送环境存在很大的挑战。

有关影响标签加工商环境的运输和配送问题的详细信息，请参阅第7章。第7章包括有关运输审核、制订运输计划、公司车辆选择、节能车辆、所用燃料类型、更高效的车辆使用、优化行程、驾驶员教育和培训以及使用远程信息处理等内容。

2.7 零售商和最终用户注意事项

虽然本书的大部分内容都是关于标签加工商应该“做些什么”“为什么做”以及“怎样做”才能变得更加环保和可持续，但应该认识到，这些要求主要是由全球品牌商、零售商和采购专业人士驱动的，而这些人正在执行各国政府、环境和工业团体、贸易协会、消费者组织和其他机构制定的立法、标准和准则。

因此，重要的是，要根据最新的行业标准，确认零售商和最终标签用户当前的以及不断变化的要求，如最新版的BS、EN和ISO标准，包装记分卡计划，零垃圾填埋，新回收倡议，可持续包装的最新想法等方面，以及正在制定哪些计划、课程、教育和培训，以进一步提高环境性能和可持续性。所有这些问题和其他内容将在第8章讨论。

在第2章至第7章的结尾处，将有一个与特定章节相关的环境管理政策指南，标签加工商可根据自己公司的要求制定、修改、更新和调整。例如，第3章的结尾提供了标签材料的指导方针政策；第4章的结尾提供了标签生产性能和清洁制造的指导方针政策；第5章介绍了废弃物管理。在本书的最后，标签加工商应该能够使用所有这些指导方针政策表来创建一套针对自己公司的、全面的环境政策声明。

在本章前面部分提到的这些环境管理政策指南再次列出。

环境管理政策

XYZ标签公司致力于成为在生产和非生产时间能源利用最高效的行业领导者。我们实现这一目标的战略要点是：

①持续监控环境、标准和最佳实践，以便在必要时实施，并给客户提供相应的建议；

②遵守所有相关环境法规；

③努力改善环境绩效，并致力于持续改进，以创建可持续的标签解决方案；

④关注环境，致力于为客户提供经认证的绿色材料和印刷解决方案；

⑤减少废弃物，消除垃圾填埋；

⑥积极推动公司内部以及客户和供应商对材料的循环利用；

⑦鼓励有效利用能源、公用设施和自然资源；

⑧减少有毒气体排放，并采取认证项目来中和公司产生的温室气体排放；

⑨由独立审计师定期评估，以确保达到（ISO、LIFE、EMAS、FSC等）或超过环境标准要求；

⑩投入必要的时间和资源，为员工提供环境培训，并争取他们的支持，以提高公司的业绩；

⑪支持对消费者、公众和政府进行有关我们产品和服务的环境概况的教育；

⑫提高社区的环境意识；

⑬评估对环境的影响，并制定持续改进的目标。

第 3 章

标签材料的选择和使用

什么是底纸？

可生物降解的纸张

薄膜标签面材

材料的选择

复合材料

黏合剂是什么

为加工商制定标签材料

所有标签都使用纸张、塑料、合成材料或其他材料来承载印刷图像，随后通过贴标应用于各种产品或容器。标签材料是终端用户支付的主要成本之一。在当今全球环境压力下，标签材料面临越来越大的挑战，材料必须更环保、更可持续，且更易于处理。

有些标签可能需要与容器一起回收，有些标签需要在使用后的某个时间洗掉或去除，有些标签需要能够堆肥或不含某些化学物质。无论是从加工商的角度还是从客户的角度，甚至是从最终用户或一些环境组织的角度，对标签材料的要求似乎每天都在增长。国家和国际立法也对标签生产废料、模切排废和标签底纸等废弃物的处理施加了更大压力。

如今，主要的标签用户，如品牌商、零售商、消费品制造商等，越来越多地要求标签供应商提供环境或可持续性评估文件，对材料环境效率提出要求，如使用来源可靠的原材料（以高效、道德和环境负责的方式制造），第三方认证的材料供应链，材料生产地点和方式以及材料废弃物处理的透明度。

为了应对所有这些压力和变化，纸张和塑料行业、标签底纸制造商、黏合剂涂布和标签材料加工公司、行业协会和许多加工商一直在推出新产品、新服务或新举措，以应对这些苛刻的要求。未来几年还会涌现更多的新技术。

综上所述，所有这些举措促使标签材料朝着更轻、更薄的材料，来自可持续管理森林的纸产品，标签纸加入再生材料，无化学溶剂标签纸，可生物降解基材，可堆肥标签，玉米淀粉和其他生物标签薄膜，可回收标签，环保或可循环使用的黏合剂，监管链认证，整套的标签废弃物回收、再循环使用和循环再生解决方案的方向发展。

有些标签加工商和客户可能会对更环保的选择和可能性有所困惑，所以我们需要更详细地解释一下。

一般而言，加工商及其客户在寻求“更环保”方案时，考虑标签面材和底纸的原则包括如下：

①标签材料是否来自可持续的、管理负责的资源？

②能否识别、追踪和认证这一来源？

③标签材料或底纸是否含有再循环材料，客户可接受的再循环材料含量的百分比是多少？

④材料是否可以更薄、更轻或使用更少？

⑤标签材料是否可以生物降解？

⑥如果需要，标签材料是否可以堆肥？

⑦使用的黏合剂是否环保和/或再循环使用？

⑧标签材料是否可以在制造、最终使用或回收中减少、降至最低或彻底消除有害的某些化学品、有毒物质或排放物？

⑨市场上是否有其他更环保的非木标签材料？能在特定环境中使用吗？

⑩标签材料是否有助于节约用水或能源？

⑪标签材料是否有助于创造更安全、更健康的环境？

⑫标签废弃物是否可以循环回收、再利用、再加工或其他环保方式处理？

⑬材料能否可靠且定期采购？

⑭材料是否能达到品牌所有者的使用要求和产品的环境需求？

⑮标签材料是否与产品、包装或容器的回收或再利用兼容？

⑯是否评估材料的碳影响，并确定减排目标的百分比？

并非所有这些原则都可以用于标签加工商使用的不同标签面材或底纸。例如，纸质材料的要求不同于薄膜和合成材料的要求。纸质标签主要由木纤维制成；薄膜基材则由石油基产品制成，因此环境影响会有所不同。因此，了解客户对标签材料的实际需求及其原因是很重要的。

市场上所有新技术和新产品都需要与客户进行评估、讨论和审查，如果使用，可能需要进行性能试验和测试，可能的话还需要根据ISO14001、LIFE、EMAS、SFI、FSC、PEFC或其他相应的标准或认证（如有可能）建立审核跟踪。

本章可作为标签加工商指南，以更好地了解现有的各种选择、可能性和解决方案。本章将从所有标签中使用最广泛的材料——纸开始，探讨面材、底纸和复合材料供应商如何向标签印刷商和加工商，以及最终的品牌商、包装商和最终用户提供各种环境和可持续性。

3.1 纸质标签面材、底纸以及复合材料

如今，几乎所有标签纸张都是由“可持续管理”森林中种植和砍伐的全新树木（见词汇表）获得的纤维制成的，即原生纤维，尽管其他材料，如破布、棉花、草、甘蔗、竹子、香蕉秆、稻草和一些其他类型的农业废弃物也可用于造纸，这将在本章稍后讨论。

被砍伐的树木从可持续森林（或林场）移走，会有更多的新树木种植在原来的位置。砍伐的树木经过清洗，切成小木片，在制浆厂变成纸浆或纸浆板，然后在造纸厂重新制浆，用于制造成品纸。

在制浆阶段，每根木纤维彼此分离并重组。纸浆可以用化学溶剂处理或漂白，这样生产的纸张会更白。纸张类型决定了使用的制浆工艺。在造纸机上用于抄纸的纸浆可能含有20%～40%的填料、涂料和各种其他化学品，同时在造纸过程中也会使用大量的水和能量。

最终准备抄纸的纸浆含水率高达99%，流到大型造纸机不断移动的网上（金属网），水通过网底部排出，而留下的纤维开始在金属网上聚集并黏合在一起，形成薄薄的纤维纸浆层，从网底部排出的水可以不断地重复利用。

这种纤维纸浆层随后会在毛毡辊和金属网之间移动和挤压，然后通过巨大的蒸汽加热滚筒进行干燥，通过对湿纸浆层进行加热干燥，纤维进一步黏合在一起，纸浆逐渐变成成品干纸卷。根据纸张要求，还可以对其进行涂布、压光或其他处理，以提高纸张光泽度和平滑度，使之更适合于印刷。大卷的纸张会被分切成更小的卷或单张，以便随后进行加工和/或印刷。

除了原生纸浆，造纸原料的第二来源是再生纤维，再生纤维可以在制浆阶段以不同的百分比添加到原浆中，例如，60%再生纤维和40%原生纤维的混合纸浆，这在标签纸市场上越来越常见。根据标签纸的等级和用途，可以使用不同百分比的原生纤维和再生纤维。

当然，现在每年有越来越多的纸张被循环回收并用于生产标签材料，回收纸中的纤维可能被第二次、第三次或第四次使用。然而，在不添加原生纤维的情况下，纸张可以循环使用的次数是有限的。

现在对制造标签纸的各种原生纤维和再生纤维、化学处理、添加剂、成型特性和涂层的可持续性、绿色和环保的认识与以前有很大不同，接下来将详细讨论。图3-1显示了标签生产商、加工商和最终用户的主要解决方案的基本流程图，以及可能出现在标签纸或标签产品上的一些相关环境标志。

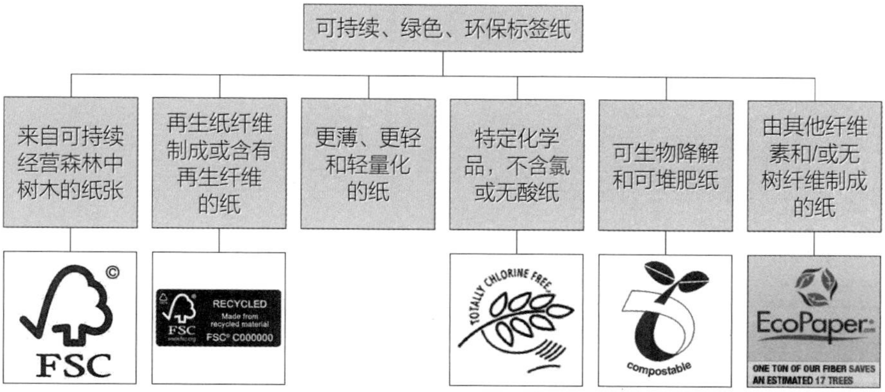

图3-1 可持续、绿色和环保的纸质标签解决方案及目前使用的一些相关环境标志

3.1.1 使用来自可持续和负责任管理森林的纸张

标签面纸和底纸是高度专业化的纸张，针对终端产品对标签的特殊要求而开发，这些产品在印刷、加工和贴标过程中必须保证性能良好，在生产不干胶标签时，通过黏合剂涂布、层压、模切、废料剥离、复卷和贴标。

与生产杂志、书籍、报纸或其他商业用纸的造纸厂相比，标签纸的加工性能要求更高，可能需要具有高湿强度、良好撕裂强度、挺度、表面光滑度等特性。

因此，标签纸是由为数不多的大型造纸厂作为一种特殊产品来生产的，这些造纸厂目前大多数都按照ISO14001标准生产，并且是可持续林业倡议（SFI）采购认证的，能够把SFI认证和森林管理委员会（FSC）监管链（CoC）认证延伸到标签加工商直到最终用户。

标签造纸厂还可能与另一个促进可持续森林管理的独立、非营利、非政府组织——森林认证体系认可计划（PEFC）以及其他一些全球组织合作。

监管链认证（CoC） 是跟踪和记录原材料从森林到消费的整个过程，包括制浆、造纸、黏合剂涂布和层压、印刷和加工以及所有运输和配送等所有连续阶段。只有经过独立认证整个过程之后，产品才有资格附加FSI、FSC或PEFC标志。

森林管理委员会（FSC）认证可能是世界上使用最广泛的，对于获得认证的标签加工商有资格在产品上使用FSC标志，以确保CoC认证，并为其客户提供有保证的FSC产品。本质上，CoC认证的基础是任何有FSC标志的产品都可以追溯到经过认证的来源（见图3-1）。

标签造纸厂进行认证和监管链认证需要合作的主要组织如下：

（1）森林管理委员会（FSC） 森林管理委员会是一个非营利组织，鼓励对世界森林进行负责任的管理，并为森林管理提供涵盖环境、社会和经济方面的全球标准。对于全球森林的未来来说，森林社区和生态系统的稳定与重栽树木同样重要。

FSC系统还提供了一种通过独立验证和记录的CoC认证来跟踪森林产品的方法。这必须涵盖处理、加工、运输和印刷等每一个阶段，才能确保最终产品可使用FSC标志。

FSC国际总部设在德国波恩，如今在40多个国家都设有联络人和办事处，从而建立了一个真正的全球FSC网络。

标签加工商的产品上印有FSC认证标志，这就相当于告诉标签行业和客户，加工商在生产和使用标签的领域达到最高的社会和环境标准。但是，若要使标签上印有FSC标志，则必须经FSC认证的标签加工企业在FSC认证纸张上印刷。FSC认证得到了全球主要环境组织的支持，包括绿色和平组织（Greenpeace）、国家野生动物联合会（National Wildlife Federation）、自然保护协会（Nature Conservation）和世界自然基金会（World Wildlife Fund）等知名组织。

希望支持健康森林和社区的标签用户和消费者在购买标签纸产品时，应选择FSC认证或其他认证的标签，如图3-2所示。

（2）可持续森林倡议　SFI公司是一个完全独立的慈善组织，致力于促进可持续森林管理，其森林认证标准基于可持续森林管理的原则，包括保护水质、生物多样性、野生动物栖息地、濒危物种和具有特殊保护价值的森林等。该标准广泛应用于北美地区，在全球市场上得到了广泛的认可。

SFI监管链认证跟踪从认证地到生产和制造，再到最终产品的纤维含量，消费者购买贴有SFI“含量百分比”标签的产品就能确认产品是负责任的。

SFI标签在全球范围内得到认可，并提供视觉提示，帮助客户采购经认证的森林产品。SFI认证标志如图3-3所示。

（3）森林认证认可计划（PEFC）　PEFC理事会是一个独立的、非营利、非政府组织，成立于1999年，通过独立的第三方认证促进森林可持续管理。PEFC向纸制品买家提供保证，确保他们促进森林的可持续管理。PEFC认证标志如图3-4所示。

图3-2　FSC与WWF认证标志

图3-3　SFI认证标志

图3-4　PEFC认证标志

还有一个由林业部门和森林所有者制订的芬兰森林认证计划（FFCS）。该计划目前是PEFC下运作的众多计划之一。

3.1.2 使用含有再生纤维的纸张

越来越多的标签纸现在都含有一定量的再生纤维。然而，纸不能无限循环使用，因为纤维会逐渐变短变弱。这就意味着必须在造纸过程中加入一些原生纤维，以保证纤维的强度和成品纸的质量。

据称，标签纸中使用再生纤维可以减少28%～70%的能源消耗，节省高达55%的水资源，还可以大幅减少碳排放。一些标签纸厂使用再生纤维的比例可高达20%，因此，使用再生纤维的标签纸具有良好的经济和环境意义。

此外，循环再生纸也能减少空气和水的污染。再生纸通常不需要再漂白，即使漂白通常是使用氧气而不是氯，这减少了氯漂白过程释放到环境中的副产物二噁英，并且不会产生需要填埋的废弃物。因此，标签材料中使用再生纸是特别环保的。

但是，应该注意的是，可以用作制造再生纸的废纸纤维有不同的来源，标签加工商可能需要知道哪些来源是可接受的。

碎纸是从未被消费者使用过的"废纸"，可能包括造纸厂废纸、复合废纸、印刷废纸、料卷残余、生产过程中损坏料卷切边。当与水混合时，这些废纸中的纤维就释放到纸浆中。

但是，应注意的是，如果纸中含有超过25%的碎木浆和/或未经加工的木浆，则国家造纸制造商协会不承认是可回收的。

消费后废纸（PCW）是经过印刷并使用过的废纸，收集起来循环利用；这类废纸问题更多，因为需要在制浆阶段除去油墨和其他污染物，但这仍是值得的。虽然脱墨过程使用水和化学物质，但对环境的危害仍然小于制造新纸的过程。事实上，清洁剂是用来漂浮油墨的，漂浮的油墨经筛选、固化可用于生产猫砂和土壤调理剂等产品。

现在，像欧洲的cycle4green这样的组织已经开始收集离型底纸，并通过奥地利的Lenzing Papier公司将其循环再生为新的底纸。在新开发的工艺中，底纸将进行脱硅处理和分离。这是一个免费的回收服务，每次最少收取3t底纸。

使用再生纤维的标签纸在视觉上与100%原生纤维纸无区别。许多标签纸厂生产含有再生纤维的优质标签纸，并将标签纸复合做成压敏标签。

除了对100%经认证的原生纤维制成的纸张进行认证外，FSC还对含有100%消费后再生纤维（PCW）的纸张进行认证（图3-5），另一种认证是对含有至少85%消费后再生纤维，剩余成分为消费前再生纤维的纸张进行认证，这个认证是消费后和消费前再生纤维的信用认证（不含原生纤维）。

图3-5　FSC对PCW纸张认证

例如，Arjowiggins公司现在提供一种环保单面标签纸，采用60%经认证的再生纸浆与40%经FSC认证的原生纤维纸浆。其他供应商，如艾利丹尼森提供含有30%的消费后废纸浆的标签级纸张。

鉴于市场上存在多种类型纸张，标签加工商应从标签材料生产商那里了解标签纸含再生纸的范围，并评估其可能的用途和客户的应用领域。

3.1.3 使用更薄、更轻和低克重纸张

近年来，造纸厂也在努力降低标签纸中的纤维含量，逐步降低纸张克重，使纸张更薄、更轻，且不影响纸张在印刷、加工或贴标过程中的性能。

多年来，印刷质量的不断提升使得低克重/定量的纸张在标签材料和底纸应用中越来越普遍。例如，克重从67g/m^2减少到60g/m^2，每加工100万m^2标签可节省超过10%的底纸材料。现在，一些标签面纸或底纸的克重可降低至50g/m^2，甚至是25g/m^2，如图3-6所示为采用克重25g/m^2化学浆纸和直接接触食品的黏合剂的奶酪标签。这样的降低也意味着同样重量的纸卷将有更长的纸张，也意味着在制造过程中可节省大量的纸芯和包装材料，同时可减

少换卷时产生的浪费，并且每卷材料的运行时间更长。

此外，底纸表面性能的改善使得硅涂布量在过去几年中显著降低，同时还可以降低固化温度。把所有这些因素加在一起，在当今环境挑战的世界是一个相当大的成就。因此，对于标签加工商和终端用户来说，在可行的情况下使用更薄的标签材料是非常有意义的。

图3-6 奶酪标签

3.1.4 使用无氯或无其他化学物质的纸张

造纸制浆过程中涉及多种化学物质。其中，传统上用于漂白木浆使其变白的氯气是危害最大的物质之一。

然而，大多数造纸厂，特别是在欧洲和北美地区的造纸厂，现在生产的都是“无元素氯”（ECF）纸，通过使用氧气、二氧化氯或其他化学品而不是使用氯气来漂白。这是一种对环境破坏较小的制浆过程，是逐步消除由氯漂白产生的二氧化物的重要措施。更加环境友好的是那些使用全无氯漂白（TCF）技术的造纸厂，生产完全不使用任何氯化合物漂白的纸。事实上，在瑞典和德国这样的国家，无氯纸是非常常见的。例如，瑞典有一项法律要求消除纸张中有机氯化物的排放。

可以说，ECF和TCF两种纸的纸浆漂白过程对环境影响的差别不大，而且两者的污染程度都明显低于传统的氯气漂白工艺。近年来，这些领域取得了巨大进步。任何带有蓝天使（Blue Angel）标志的纸都必须是TCF。

而对于再生纸来说，一些再生纸要求采用无氯生产（PCF）工艺。蓝天使标志也许是公认的最严格的再生纸制度，要求至少含有51%的印刷和生活/办公废纸，还需要公司报告制造过程中使用的能源。

虽然无氯纸现在已广泛使用，但也有某些类型的纸要求不含其他化学成分。例如，无酸标签纸有其特定的应用，也越来越引起人们的关注。这些纸不含游离酸，pH为7.0或更高。这种纸可以由棉纤维或化学木浆或任何其他纤维制成。

无酸纸要求不得在表面进行硫酸铝施胶。除非纸张涂布能中和酸的物质（碳酸钙）作为缓冲，否则大气中的污染仍有可能使纸张随着时间的推移而呈酸性。

“无酸”一词并不一定意味着纸张在长期保存的档案应用中是安全的。标签加工商需要确定更多的标准，比如纸张主要成分是棉纤维还是纯木浆，阻隔涂层以及是否使用中性或碱性施胶。

总的来说，档案管理员、文物保管员、图书馆馆长和其他收藏品保护专家需要确定无酸纸的等级，因为需要使用激光打印机打印标签。儿童贴纸和食品贴纸可能也需要无酸纸。据说，无酸纸比含酸纸更明亮，价格更低。

此外，由于持有的证书数量有限，无CO_2的纸张比较少。纸张的二氧化碳足迹是根据IPCC方法计算的，IPCC方法涵盖了最重要的温室气体。

标签加工商及其客户应再次审查所使用的标签纸，以便在可能的情况下确定其化学成分和应用，或推荐最适合其产品和应用的EFC、TCF、PCF、无碳或无酸等级的纸。

3.1.5 使用可堆肥和可生物降解的纸张

现在的一些标签应用场合，需要可生物降解或可堆肥的标签材料（自粘标签），以符合ISO14855或EN13432标准。ISO14855是在受控制的堆肥条件下材料最终需氧生物降解性的标准。EN13432是欧洲可堆肥标准，如果标签在包装总重量中占比小于1%，就需要生物降解性认证。

例如，根据EN13432标准，可堆肥材料必须满足三个条件：

生物降解性　可堆肥材料必须通过微生物作用分解，仅产生二氧化碳、水和腐殖质（土壤）。标准规定这个过程必须在六个月内完成90%。

分解　堆肥过程开始三个月后，可堆肥材料必须满足分解测试。标准要求在三个月之后，原材料中尺寸大于2mm的颗粒不应超过原材料质量的10%。

不含有毒物质 堆肥材料必须对堆肥过程没有负面影响，并需要通过堆肥试验检查。

一些标签材料供应商现在提供符合这些标准的材料，特别适合有机食品包装和标签需要与包装一同堆肥的产品，以及要求环保的货架稳定产品和冷藏产品。标签基材的选择包括白色无氯元素（ECF）漂白、未涂层、半光泽和天然未漂白牛皮纸。这些材料需要与可完全生物降解/可堆肥、环境友好、生态友好的黏合剂一起使用，如下一标题下所述的产品。

3.1.6 使用替代纤维制成的纸

虽然目前大多数标签纸是利用可持续或负责任管理的森林中生长的树木制造的，但人们对利用非木资源生产纸张，特别是那些被视为农业废料，如甘蔗渣（压碎后残留的甘蔗废料）、香蕉茎、竹子和棉花短绒（将棉花纤维与棉花种子分离后（即轧棉的过程），附着在棉花种子上的细而柔的纤维）的兴趣越来越大。

目前，位于芝加哥的Distant Village Packaging公司生产非木标签纸，其“Pure Labels”纸张不使用任何不符合可持续发展实践的材料。纸张是利用树上那些不含纤维素的副产品制成的，如树皮和树叶，这些副产品通常会被处理掉。例如，香蕉叶就是该公司使用的纤维之一。

如果使用标签加工商和最终用户收集的废弃物制成可回收离型底纸，以及可回收或可生物降解的黏合剂，这样的标签材料是非常环保的。

例如，艾利丹尼森提供了白色非木可再生、未涂布标签面纸，是其EcoFriendly系列中的一款产品，图3-7所示为采用艾利丹尼森非木标签纸印刷的葡萄酒标签。然而，目前这种纸可能在美学表现上有一定的局限，这取决于应用场合。

图3-7 采用艾利丹尼森非木标签纸印刷的Shiloh Road葡萄酒标签

3.2 使用环保无害、环保友好的黏合剂

在过去的几年里，越来越多的人关注具有“绿色”特性的黏合剂产品，其中包括环保友好型黏合剂、可循环使用的黏合剂、可堆肥的黏合剂、可生物降解的黏合剂、可轻易去除或清洗的黏合剂等，如图3-8所示。

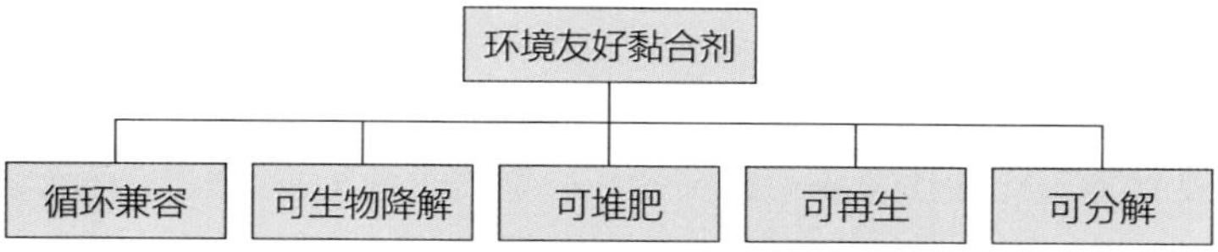

图3-8　可持续、绿色和环保的黏合剂解决方案

循环兼容黏合剂（RCA），以前称为环境友好型黏合剂或EBA，是指在纸张再循环过程中可基本除去的黏合剂，可消除造纸商所称的“黏性”，即造纸过程中会粘连造纸机械的小块黏合剂，可能导致再生纸出现气孔和缺陷。RCA也可以指对纸张再循环过程无害的黏合剂。

如今，通过各种筛选和其他方法，可以将纸浆流中黏合剂浓度控制到小于10ppm的水平。

过去十年，美国邮政服务（USPS）、TLMI、黏合剂供应商和其他行业集团一直在不断努力开发RCA，并开拓新的市场应用。实际上，美国邮政早在20世纪90年代末就开始开发EBA/RCA邮票，到2000年，所有邮票都开始采用这种压敏胶。TLMI的EBA/RCA分委员会也于2005年成立。

最新的行业估计显示，标签生产商使用的所有不干胶黏合剂中，RCA黏合剂占比只有不到1%，这主要是因为加工商的担忧，甚至是完全忽略了这种需求。幸运的是，西弗吉尼亚州的Dyna-Tech黏合剂公司进行的研究表明，RCA的成本与普通黏合剂相当，可以像普通不干胶黏合剂一样进行加工，并为最终用户提供良好的黏合性能。

其目的是通过鼓励所有用户购买此类产品，为纸质标签使用RCA创造市场，并争取成为美国州政府有限采购对象。到目前为止，行业并不打算通过立法强制使用RCA。

近年来，市场对其他环保型压敏胶的需求带动了更广泛的研究。因此，各种新兴技术不断涌现，如辐射固化黏合剂和热熔压敏胶，以及新的化学配方，如硅树脂压敏胶和聚氨酯压敏胶，这些都可以填补压敏胶市场的空缺。这些产品有潜力在医药、汽车和航空航天等终端用户领域拓展新的高性能应用市场。压敏胶带和标签现在可实现多种功能，黏合剂也应该适应各种应用场合。

其中一个例子是透皮贴片所使用的不干胶黏合剂。这些新兴的应用领域对提升压敏胶销售收入和利润方面具有巨大潜力。此外，热熔胶等环保技术可能会受到期望降低环保成本的胶带和标签加工商的青睐。

最近，由可再生资源制成的生物降解黏合剂和可堆肥黏合剂开始在压敏标签市场应用，并已在利基市场获得成功。BioTAK就是一个例子，其是由Sustainable Adhesive Products 公司和 Berkshire Labels公司联合开发的一系列生物降解标签，采用可再生资源生产，使用包括世界上第一种完全生物降解、可堆肥BioTAK S100黏合剂。这种黏合剂符合EN13432标准，可在45天内生物降解90%。它是一种永久性黏合剂，虽然并不适用于所有应用领域，但在许多不同环境（包括常温、冷藏和乳制品）的包装上表现优异。当然，标签材料和包装都需要完全生物降解才能达到最佳效果。

其他适合环境友好领域的生物降解标签需要ISO14855生物降解性认证。在某些情况下，这种标签使用永久性丙烯酸乳液基黏合剂，这是专门为生物降解卷标而设计的。

用于生产可持续标签的其他黏合剂包括可循环再生Dyna-Tech黏合剂和Eco-Synthetics生产的可生物降解黏合剂。

除了环保的、可生物降解的和可堆肥的黏合剂外，还有可溶解的纸张和黏合剂，标签可以清洗和分解。这种黏合剂尤其适用于食品服务行业和瓶子回收行业。

3.3 薄膜标签面材和底纸材料

薄膜标签面材和底纸材料通常有不透明或透明两种，主要用于压敏标签、收缩和拉伸标签，以及部分模内标签、缠绕标签和裁切&堆叠标签，包含多种塑料薄膜，如聚酯、聚丙烯、聚苯乙烯、聚乙烯、乙烯基或其他合成材料。

总的来说，在过去20年中，薄膜标签材料的增长速度是纸质标签材料的3～4倍，目前约占所有标签材料用量的四分之一。薄膜材料可以提供透明的无标签外观，提供较长的耐用性，适合比纸质标签更苛刻的应用领域，具有优异的耐油、耐脂以及耐化学溶剂性能，并且可以在潮湿的环境下使用。这些所有的特性都是纸质标签所不具备的。

然而，目前使用的标签和包装薄膜中只有很小的一部分（3%～4%）是可回收的，而据估计，纸张、玻璃和金属的回收率分别为30%～35%、20%～25%和30%左右。因此，目前的塑料回收体系中，只能尽量从源头减少生产塑料消耗的资源。纸张、玻璃和金属材料容易回收且可多次循环，可以比塑料回收节省更多的能源和资源。

话虽如此，艾利丹尼森和UPM蓝泰都推出从标签加工商回收薄膜底纸的计划，有可能是免费回收，也有可能是UPM 蓝泰为该材料支付一定费用。例如，UPM 蓝泰从客户和最终用户那里收集Proliner PP30聚丙烯底纸。聚丙烯易于回收利用，具有真正的商业价值，且比较容易销售。根据市场价格的不同，UPM蓝泰目前为ProLiner PP30底纸每吨支付的费用高达300欧元，这些废料将通过RafCycle回收计划运回供应商。

就生物降解性而言，薄膜标签材料在堆肥过程中分解或生物降解需要更长的时间。事实上，许多合成材料都是为长寿命、耐久、耐用、高性能、不会生物降解的应用场合而设计的。因此，简单地说，石油基薄膜标签材料越来越被视为不如纸环保，这反过来刺激了对各种生物塑料、生物降解材料和可堆肥标签薄膜的需求，可在某些场合代替塑料薄膜，其降解性能更像纸，但具有薄膜的各种特性。

事实上，根据Ceresana Research最近的一项研究，用于包装和标签的生物降解塑料薄膜的全球消费量在过去8年中增长了600%。其他研究表明，标签生产商和用户希望在不久的将来拥有更环保、更可持续的生物塑料薄膜。当然，如果标签生产商能够证明，他们使用的标签材料和设备能耗更低、更具可持续性、使用的原材料更少、消耗更少，并且能保持同样的效率和性能，他们可以期待在未来取得成功。那么目前市场上有什么产品？

对压敏标签公司、裁切&堆叠薄膜印刷商、收缩标签公司以及标签加工商及其客户来说，目前三种最常见的非石油基塑料薄膜来自植物淀粉（如玉米淀粉）、可持续木浆以及纤维素，纤维素同样是从可持续和可再生资源获得。这些不同的生物塑料标签薄膜如图3-9所示，他们都是可生物降解和可堆肥的，但是标签、黏合剂及裹包材料确实需要作为一个整体来看待。

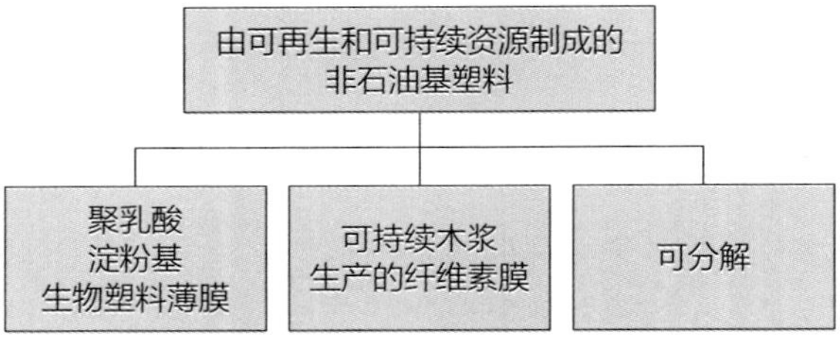

图3-9　由可再生和可持续资源制成的非石油基塑料标签薄膜

3.3.1 聚乳酸淀粉基生物薄膜

生物塑料是由可再生植物，如马铃薯和玉米（每年生长的植物）制成的薄膜，几乎任何数量充足的植物都可以制得。通过这些植物的淀粉加工并生成聚合物——聚乳酸（PLA），可用于生产标签用塑料薄膜，其性能与传统的石油基塑料薄膜类似。这些生物塑料比传统塑料需要更少的能源。此外，与传统塑料相比，生物塑料薄膜具有更低的碳排放足迹，并且是可堆肥的，这使得生物塑料成为标签加工商和用户特别“绿色”的选择。

由于石油是一种有限的资源，且是经数百万年才形成的，使用生物基薄膜材料是迈向可再生经济的重要一步。

生物塑料是可堆肥的，在90天内生物降解为小颗粒，而且在工业堆肥条件下不会留下任何有毒残留物，因此符合国际标准，如En13432（欧洲可堆肥标准，当标签占总包装重量的比例小于1%时，需要生物降解性认证）所要求的三个条件——生物降解、分解、无有毒物质。

生物塑料是可回收利用的，既有机械的方法（再造和再利用材料），也有化学的方法（即聚乳酸，将聚合物分解成乳酸，然后再对生物塑料进行改造），但在回收处理中不得含有任何受污染的成分。

生物塑料，如来自Plastic Suppliers公司的EarthFirst聚乳酸薄膜，有白色和透明两种选择，可用于裁切&堆叠标签或压敏标签。由于其特殊的透明度和光泽度，对于要求现代感、无标签感的领域是理想的选择，这种薄膜是环保产品，与可回收的瓶子一起使用，以减少浪费并保持可重复使用性。但是，重复使用或再循环时不应有任何污染。

EarthFirst聚乳酸薄膜的透气性使底层黏合剂能够通过标签干燥，同时该薄膜具有优异的耐酒精和耐油脂的性能，在欧洲、加拿大和美国被批准用于食品接触产品。

3.3.2 可堆肥生物塑料薄膜

目前市场上推出了可降解/可堆肥收缩套筒标签。例如，法国Sleever International公司提供的Biosleeve PLA套筒标签在60℃条件下可在45天内降解，符合ISO14855-2：2007可降解/可堆肥标准。PLA薄膜在堆肥设施中微生物的作用下分解成水、二氧化碳和无毒物质。

另一个产品是来自纽约Printpack公司Seal-It部门推出的EarthFirst TDO PLA标签，非常适合形状独特的容器。这种薄膜可在较低的温度下收缩，用户可以节省能源消耗，同时提高生产效率。

EarthFirst TDO收缩膜表面能达到38达因，具有优异的印刷适性，并且具有良好的耐磨性，符合FDA标准，由可持续的玉米资源制成。在超过58℃的温度和80%的相对湿度下堆肥可分解为水和二氧化碳。薄膜厚度有40～100μm等多种规格。

3.3.3 可持续木浆纤维素薄膜

纤维素薄膜是由可再生、可持续的木浆生产的，木浆完全来源于可持续林业。纤维素薄膜具有一系列传统塑料薄膜无法比拟的独特性能，也有多种亮度可供选择。这种薄膜已经用于制作压敏标签和湿胶裁切&堆叠标签，并且可以作为聚丙烯薄膜的替代品在玻璃和高透明度塑料瓶上提供无标签外观。

从石油基标签薄膜转换为纤维素标签薄膜时，不需要投资购买新的贴标设备。生物薄膜（如Rayothene再生纤维素薄膜）的透水性使标签（使用正确的黏合剂）能够用常规清洗技术（如高温苛性钠清洗水）从回收瓶子上清洗下来，清洗水可以透过标签并溶解湿胶或压敏标签的黏合剂。纤维素薄膜会在水中下沉，以便有效地回收标签废料。洗掉标签的瓶子可以在回收系统中重复使用。

其他纤维素标签薄膜，如Clarifoil和Integuard，也在安全标签领域得到了应用。Clarifoil薄膜具有良好的挺度，可实现自动贴标，排废和模切，还可以添加显篡改和产品验证功能。该薄膜可使用溶剂型和水基黏合剂，并可通过大多数工艺进行印刷以及烫金加工。

Integuard薄膜是一种用于防撕毁标签的纤维素薄膜，但其性能允许使用全自动设备进行贴标。一款光学增白的Clarifoil薄膜主要用于医药标签。

纤维素薄膜焚烧是安全的，如Clarifoil薄膜，仅产生二氧化碳和水，没有有毒残留物；也可以填埋，没有任何有毒渗滤液的风险。在适当的条件下，纤维素薄膜也会生物降解，并且是可堆肥的。例如，在英国，立法规定将Clarifoil薄膜与纸和纸板一起归类，以便回收和再生。

3.3.4 由可持续木浆制成的表面涂层纤维素膜

NatureFlex薄膜由受管理的森林中获得的可持续木浆制成，在可生物降解/可堆肥和可持续包装和标签方面处于发展的前沿，并且已经达到了零碳的状态。这种薄膜经欧盟（EN13432）和美国（ASTM D6400）堆肥标准认证，适用于工业和家庭堆肥。

NatureFlex薄膜是由透明的、来自可持续木浆的纤维素制成，然后与特殊的可堆肥表面层复合在一起，用于提升薄膜的阻湿性。NatureFlex涂布的全系列生物降解和可堆肥薄膜都实现零碳状态，因此可减少材料的碳足迹，确保能源效率目标、减少工厂产生的固体废物和二氧化碳，使用可再生能源，并进行基础材料的FSC认证。

这一系列的新薄膜NatureFlex NK不仅具有生物降解性和可堆肥性，还具有与共挤OPP薄膜接近的防潮性，其防潮性据称是目前生物聚合物薄膜中最好的，这是通过制造商Innovia Films公司的特殊涂层技术实现的。

NatureFlex薄膜能够耐脂、耐油和脂肪，具有良好的气体/气味阻隔性和低静电性。

3.4 模内标签面临的挑战

由于模内标签贴标时材料与容器成为一个整体，贴标时无须使用离型底纸，也无须使用黏合剂或火焰处理，这些特性使其成为一种可持续的包装。模内标签通常使用较薄的材料，使用聚合物基油墨生产，所以不会有污染。标签和容器一经贴标就成为一个整体，回收时可以整个产品一起回收。

3.4.1 生物塑料和可堆肥薄膜匹配合适黏合剂

为了匹配最新的生物塑料、纤维素薄膜和表面涂布纤维素薄膜的性能，最好与可循环使用或环境友好的不干胶黏合剂一起使用。这种黏合剂在堆肥过程中会分解（尽管不完全分解），并且不含任何有机溶剂。然后，可降解黏合剂可以与对环境有利的薄膜组合，以取代传统的聚乙烯或聚丙烯标签薄膜，并满足相应的国际EN13432或ISO14855标准。

3.4.2 使用更轻、更薄和更强的传统塑料薄膜

虽然薄膜标签材料的一个主要趋势是可持续和生态友好，如生物塑料薄膜，但随着传统石油基薄膜向更轻、更高强度发展，其在成本上比以往任何时候都更接近纸质标签，并且每卷可提供更多的标签、更长的印刷运行时间，由此带来材料重量减轻，料卷残留和加工损耗降低。

特别是一些大型超市和零售商制定的减量目标带动薄膜朝着更薄的方向发展，其中许多薄膜的厚度比目前的行业标准薄30%。这些更薄的共挤膜可以替代标准的聚乙烯和聚丙烯面材，在保证基本性能的同时使用了更少的材料。当然，加工商使用更轻的塑料标签薄膜可以显著降低成本，也有助于减少贴标包装产品的重量。

现在市场提供的较薄的薄膜产品包括聚酯（PET）面膜，其厚度已降到50μm；聚酯底纸厚度低至19μm；透明聚乙烯标签面材厚度低至38μm（符合EC和FDA食品接触标准）；OPP面材（符合EC和FDA食品接触标准）厚度为47μm，离型底纸厚度为38μm。

这些厚度更薄的薄膜，如厚度63μm（2.5密耳）的艾利丹尼森FasClear和Primax Plus，或欧洲市场推出的艾利丹尼森Lean Film，有利于全面减少环境影响，而环境是品牌所有者和零售商优先考虑的问题。薄膜越薄，每卷的标签就越多，印刷机和贴标机的停机次数就越少，运输的重量和体积越轻，相关的能源成本也越低，这些都构成了“更精简”的制造、加工和最终使用。

薄膜标签还可以与聚烯烃容器按照环境要求一起回收。

例如，Spear公司已经成功说服超过60%的薄膜客户采用更薄的薄膜，薄膜厚度降低17%，这意味着可以减少227万kg（500万磅）压敏材料的垃圾填埋，一旦剩下的客户都采用更薄的材料，还将减少68万kg（150万磅）垃圾填埋。

展望未来，厚度仅为15μm的标签薄膜（已经在许多软包装领域中使用）可以达到标准厚度一样的性能，但这需要薄膜生产商、印刷机和模切机以及贴标机制造商之间的合作，也许还需要终端用户的支持。当然，更薄的薄膜已经在试验中，可望在未来作为标准产品引入市场。

Evonik Goldschmidt公司推出一款更薄的薄膜底纸——Tego RC Slicone UV离型树脂涂布到30μm BOPP底纸上，与格拉辛底纸相比，可将材料总重量减少56%。30μm UV硅树脂涂布 BOPP可以通过再生造粒进行完全回收。

3.5 收缩套筒标签面临的挑战

收缩套筒标签给回收商带来严峻的挑战，因为无法按重量将不相容的收缩材料从PET容器上剥离下来。

美国消费后塑料回收协会的成员认为，剥离收缩标签给他们的经营增加很大的成本，即每千克再加工的瓶子增加0.9～1.8美分，从而限制了回收聚酯薄片的利用价值。

所面临的挑战包括瓶子分类、标签去除、可漂浮标签的使用以及墨水溢出对回收塑料的影响。

在可漂浮标签或其他解决方案被广泛采用之前，脱标机被视为解决收缩标签问题的权宜之计。

然而，在日本，一项主要的行业教育计划已经开始实施，目的是说服消费者通过收缩标签上的撕拉条从容器上撕去标签，从源头上实现标签与容器的分离。

具有不同分子量的多层收缩标签结构，具有实现收缩材料和瓶子清洁分离的可能性。

3.6 为加工商制定标签材料使用原则

毫无疑问，环保、可循环使用的标签材料、底纸和黏合剂的应用将继续增长。低克重和轻量化的标签纸和薄膜将变得更加普遍，鼓励开发和使用新的纸纤维资源，生物塑料将迎来快速发展。由于堆肥的要求，可生物降解黏合剂的需求将越来越大，同时对可重复使用和循环再生材料的需求也将越来越大。

终端用户一直在寻求“更绿色”和更环保的产品，并希望他们的标签加工商能够研究、支持和鼓励生态材料的最新发展。环境政策声明将成为全球范围内标签采购关注的重点，ISO14001、LIFE、EMAS和FSC等认证可能成为最低要求。

欧洲、北美和其他地区的许多领先的标签加工商已经按照这些标准执行，并且已经就所使用的标签材料编制并发布了环境政策声明。这些声明通常包括纸张和薄膜面材、底纸材料以及所使用的黏合剂。

即使现在还没有这样做，大多数标签加工商最终都将有自己的环境政策声明和有关标签材料的行动计划。为了帮助这些加工商，本“操作指南”就标签材料拟定一份指导性政策声明，根据使用的材料、市场和应用领域，环境政策可以直接使用或按照公司实际情况修改。环境政策声明如下。

标签材料的环境政策

总则

我们优先选择已获得质量、环境质量和环境管理体系认证的供应商，比如ISO9001和ISO14001资质。

纸张材料

①鼓励并向客户推荐使用监管链认证的面材和底纸，确保产品从原产地一直追踪到印刷和发货地。纸是由含再生纤维和/或从可持续森林（FSC、FSI或PEFC认证）获得的原生纤维制成。

②鼓励并推荐客户使用具有严格环境规范的纸张，包括ECF、TCF或无酸纸。

③继续评估和审查使用农业废物制造的非木纸张，并鼓励在适当情况下使用。

薄膜材料

①不断审查和推广更薄的薄膜结构，以减少浪费，每卷更多标签可减少换卷次数，提高加工效率。

②在技术允许并持续试验的情况下，指定使用可回收塑料（PP和PET），并鼓励使用生物塑料、纤维素薄膜和表面层压纤维素薄膜，这些薄膜具有生物降解性和可堆肥性，满足相应的国际EN13432或ISO14855标准。

黏合剂

①推荐使用100%环保型无溶剂黏合剂，无论是水性丙烯酸黏合剂还是热熔胶，在大多数应用领域都优于溶剂型黏合剂。

②正在评估生物友好型黏合剂的使用，并鼓励在技术允许的情况下使用。

第 4 章

标签加工商的生产绩效

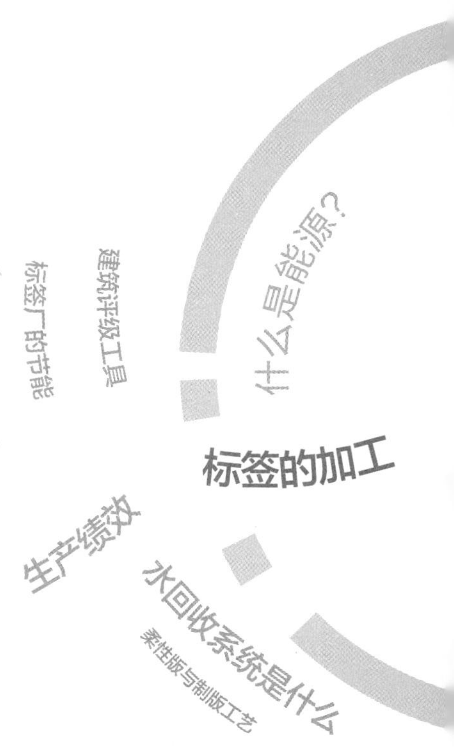

与精益生产一样，可持续性与当今标签和包装企业的生产绩效也有很大关系。两者都致力于实现尽可能的高效和高产，从而为企业、客户以及生产、运输和消费标签和包装的社区带来价值。

建筑效率和制造业废弃物的合理处理推动了生产绩效的提升。建筑物约占世界能源使用量的40%，约占全球碳排放量的三分之一。根据IPCC的数据，建筑具有迄今为止最具成本效益的碳减排潜力。

提高建筑物的运营效率有很多好处。许多人认为，为了使建筑运营更高效，必须进行资本投资，而其投资回报率很低。然而，麦格劳-希尔建筑公司（McGraw-Hill Construction）、C.B. Richard Ellis物业管理公司和圣地亚哥大学（University of San Diego）进行的一项研究发现，与传统建筑设计相比，“绿色”建筑物业价值会增加5%，投资回报率增加4%，运营成本降低8%。

事实上，这些成本节省的数字已经成为近年来“绿色”建筑爆炸式增长的主要原因。麦格劳-希尔建筑公司发布了一份名为《2011年绿色展望》的报告显示，过去两年，“绿色”建筑的增长率为50%，而同期建筑总开工量则收缩了20%以上。报告预计，到2015年，绿色建筑的价值可能达到1450亿美元，如图4-1所示。

许多标签行业的领导者在规划新建筑和改造现有场地时会考虑环境足迹和运营成本效益，相关调查结果如图4-2所示。

尽管如此，标签制造商可以通过多种方式提高生产设施的性能和优化能源结构，同时减少碳排放。当涉及整个建筑的可持续性时，能源、水、空气消耗和污染、废弃物的产生和处理以及产品流动等关键因素都必须包含在标签和包装加工商对工厂生产力的总体评估中。

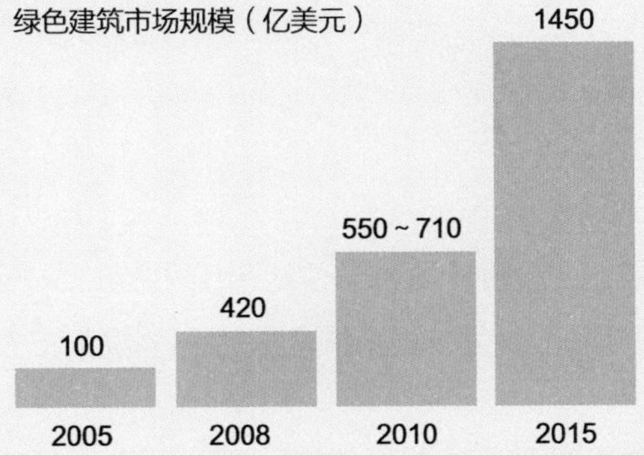

图4-1　McGraw-Hill《2011年绿色展望》报告显示“绿色”建筑的快速增长（数据来源：麦格劳-希尔建筑公司）

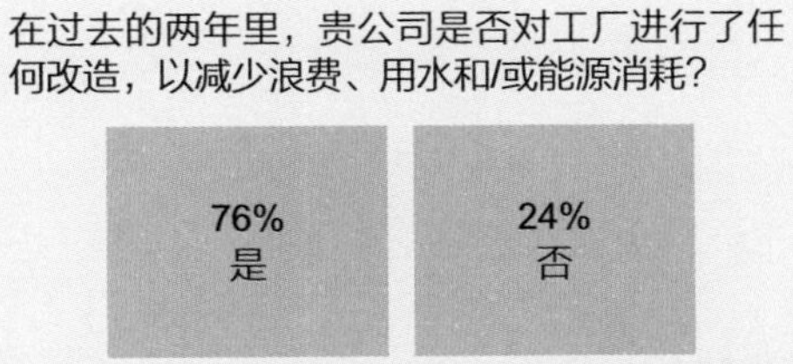

图4-2　2011年，北美标签加工商中近75%的受访者曾投资减少建筑用水和能耗的系统

联合国环境规划署可持续建筑与气候促进会（UNEP-SBCI）成立于2006年，是联合国与建筑行业利益相关方之间的伙伴关系，致力于在全世界推广可持续建筑实践。在此基础上，已经开发出国际碳测量方法，目前正在测试中。

定期维护暖通空调系统、照明系统和生产机械，并投资最新技术和自动化系统，可以大大提高工厂生产率，降低运营成本，降低建筑的碳足迹，提高工作场所的安全性，造福环境。

节约用水、合理选择油墨、减少溶剂和化学品消耗以及有毒物质的回收都必须成为企业的优先工作，有关这些产品使用中的环境影响应列入业绩报告中。

4.1 建筑评级工具

美国能源部表示，美国建筑每年使用39%的能源和74%的电力。此外，据称建筑排放二氧化碳占美国总排放量的39%，建筑消耗的水占总用水的13%。

建筑物的生命周期有三个阶段：建造、使用、使用后。

使用阶段是其生命周期中最重要的阶段，因为这一阶段使用的能源和资源最多，随着时间的推移，排放的碳污染物会越多。

4.1.1 LEED 认证

美国绿色建筑委员会（USGBC）于1993年开发了LEED（能源与环境设计先锋）“绿色”建筑评级系统。USGBC不是美国政府的职能部门，而是一个以501（c）(3）会员制为基础的私人非营利组织，拥有来自建筑行业各领域18500多个会员企业。如果按照LEED标准设计建筑，建筑成本可能会增加1%~3%，但其回报率会显著提高，特别是建筑使用时间超过10年时。

LEED认证需要确认五个关键领域的建筑性能，总评分为100分，这促进了整个建筑实践的可持续性：

①可持续的场地开发；

②水利用效率；

③能源和大气；

④材料和资源；

⑤室内环境质量。

申请人可按以下事项申请10分的额外加分：

①区域优先事项；

②设计的创新性。

建筑的方方方面都会严格审查：如何使用、建筑位置、人们在建筑里如何交流以及建筑功能等。一个建筑项目必须满足所有的先决条件，并获得认证所要求的最低分数。以下是主要认证模块的详细信息：

①可持续场地模块鼓励建筑考虑到对当地生态系统和周边地区的短期和长期影响。不鼓励在以前未开发的土地上建设，促进区域良好的景观美化，并审查对当地供水的影响。

②建筑物使用大量的过滤水。水利用效率模块的目标是鼓励建筑物内外更智能地用水。可以通过更有效的废水清洁系统来减少水的排放，这些系统可以循环使用废水进行二次利用。水也可以通过其他方式收集和再利用。

③能源和大气模块包括减少能源消耗的方法。高效的设计和施工是关键，而能源来源、定期监测、使用节能管理系统和现代照明系统可减少能源的使用，从而减少有害成分向空气的排放。

④材料和资源模块鼓励在建筑施工和使用期间选择可持续种植、收获、生产和运输的产品和材料。有助于减少浪费，并尽可能促进材料的重复使用和再循环。

⑤室内环境质量模块推广可以改善室内空气以及提供自然光和景观的成功实践，包括减少含VOC的化学品和溶剂的使用。

关于区域优先事项，USGBC已经确定了对美国每个地区和全球一些地区来说最重要的环境问题，解决这些问题可以得到额外的分数。

设计创新模块为使用新的创新技术和策略来提高建筑性能的项目提供加分，远远超出其他LEED加分的要求。

针对建筑领域，LEED有许多认证类别。标签和包装行业最引人注目的是：

①新建筑；

②现有建筑物。

LEED新建筑记分卡示例如图4-3所示。LEED现有建筑物评级系统侧重于使用和维护，帮助建筑业主测量使用效率，同时尽可能降低环境影响。该系统既可用于既有建筑首次寻求LEED认证，又适用于先前经LEED认证的新建筑项目，全面解决：

①建筑物清洁和维护；

②回收计划；

③外部维护计划；

④系统升级。

自2009年以来，绿色建筑认证机构（GBCI）一直是独立的第三方审计机构，该机构包括一个符合ISO标准的国际认证体系。GBCI成立于2008年，负责管理LEED项目认证，监督所有国际LEED项目的认证过程，使跨国企业能够在整个投资组合中采用“绿色”建筑。GBCI充分照顾地区差异，提供全球一致的认证，并提供跨国测试的能力。

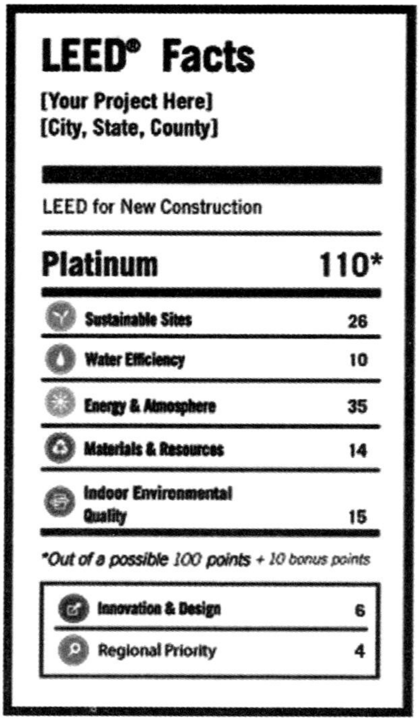

图4-3　LEED新建筑记分卡示例

克莱姆森大学LEED认证的Sonoco包装研究所于2009年初向学生开放。Harris A. Smith大楼是一座包含多学科的建筑，要做到尽可能节省空间，减少了材料的使用，效率是重中之重。

由于该建筑在屋顶和外墙上进行了精心设计，水和空气屏障性能做到最好，因此能耗大大降低。窗户的位置也很关键，要以最理想的方式利用自然和人工能源。在西侧，窗户是垂直的，所以需要的玻璃更少，而东侧的玻璃材料更多：早晨的光线比下午的光线凉爽。屋顶悬臂挑高以遮挡一些阳光，与砖墩（垂直的柱子）一起也起到遮阳的作用，如图4-4所示，建筑物内部效果如图4-5所示。

这些设计，再加上建筑外部的许多其他设计，使得建筑能够减小系统的尺寸，从而进一步降低能耗（系统越大，能耗越高）。

具体的设计元素可以反映建筑与产品和包装发展之间的联系。例如，混凝土地板是由消费品废料（如塑料瓶）中的可回收物质生产的。该项目还获得了一项创新加分，因为在建筑内有超过30%的循环回收产品，包括家具。

图4-4　克莱姆森大学LEED认证的Sonoco包装研究所

图4-5　克莱姆森大学LEED认证印刷车间

甚至现场的长凳和覆盖物都是由这片土地上的树木制成的。水可以通过生物膨胀循环使用。

由于超过30%的原料来自当地，该建筑获得了另一项创新加分。该项目的大部分材料是在南卡罗来纳州当地生产，包括砖块、混凝土和钢材。再加上当地承包的业务，大大减少了项目实施期间的二氧化碳排放量。

可以在全球范围认证的评级系统开始于2011年初，其得到了LEED国际圆桌会议的支持，圆桌会议由来自世界各地的国家“绿色”建筑委员会和组织的代表组成。总部位于威斯康星州的加工商Lauterbach集团和总部位于多伦多的Metro Label公司在其部分工厂获得了LEED认证。Lauderbach集团对LEED可持续建筑认证的评价是：“老实说，做这些事情要花那么多钱，看起来很荒谬。但我们在这个建筑上的投资很快就得到了回报。”

2011年初，宝洁承诺在全球范围内为所有新的建筑申请LEED可持续建筑认证，宝洁在中国太仓的工厂将是第一个获得LEED认证的工厂。

请注意，对LEED认证建筑能耗的深入研究表明，与传统建筑相比，LEED认证建筑每平方面积能耗降低35%，但也有多达三分之一的认证建筑比传统建筑能耗高。

4.1.2 英国 BREEAM 认证

英国建筑研究所（BREEAM）于1990年启动BREEAM（BRE环境评估方法）计划，并在全球范围内认证了10000多座建筑。BREAAM还推出面向全球其他地区的计划，包括欧洲和BREEAM 海湾计划。所有这些都涉及每个国家或地区已有的评估方法。

自2008年以来，一些欧洲国家先后通过其官方机构批准了BREEAM国际框架，其中包括荷兰，由荷兰绿色建筑委员会（Dutch Green Building Council）批准，该委员会于2009年10月推出了经过改编的BREEAM NL版本。爱尔兰、西班牙、拉脱维亚、土耳其、挪威、瑞典、俄罗斯、波兰和保加利亚与该评级系统建立了伙伴关系，并正在通过各自的国家绿色建筑委员会和建筑行业领先者对其进行调整。

构建伙伴关系的目的是编制当地语言版本的计划，并实施当地管理，以确保在整个国际框架内的国家所有权。共同碳指标的确立为BREEAM与绿色建筑委员会运营的评级体系合作创造了机会，创造了一个真正减少建筑对环境影响的全球体系。

4.1.3 加拿大 Green Globes 认证

1996年，加拿大标准协会（CSA）发布“现有建筑物BREEAM加拿大认证”。2000年，该方案转化为一个在线评估和评级工具，名称为“现有建筑绿色地球认证”，并迅速发展成一个联邦支持的现有建筑评估计划。加拿大建筑业主和管理者协会（BOMA）在2004年采用了现有建筑绿色地球认证，并获得在美国开展认证的权利。Green Globes认证由美国国家标准协会（ANSI）颁布。

4.1.4 法国 CSTB 认证

2009年6月，法国CSTB（建筑科学技术中心）与其下属机构CertiVéA公司签署了一份谅解备忘录，与BREEAM的全球分支机构合作，制订一项泛欧洲建筑环境评估计划。该项目类似于法国HQE（环境质量）认证，HQE是法国“绿色”建筑的标准。然而，自协议签订以来，该项目没有太大进展。

4.1.5 澳大利亚 Green Star 认证

澳大利亚的Green Star绿色之星建筑环境评级系统是由澳大利亚绿色建筑委员会（GBCA）于2003年推出的。GBCA在WorldGBC（世界绿色建筑委员会）中发挥了突出的作用。2006年，在GBCA支持下，成立了新西兰绿色建筑委员会，后来，又支持成立了南非绿色建筑委员会。两个委员会都采用了绿色之星评级工具，并根据各自国家的特殊情况对其进行了修改。

4.2 水回收系统

用水是建筑物整体效率的重要组成部分，积极节水可以节约建筑消耗和费用。如果采用合适的评估方法，就可降低投资成本，提升投资回报率。

对建筑物周围的水龙头、厕所和小便器以及低流量系统进行简单的改造，可以明显减少用水。灰水是指可再利用的废水，是来自淋浴、水槽、洗衣机和浴缸的废水。根据当地法规，可以使用和适当处理两个独立的回收系统——灰水和黑水。灰水可以更简单地回收利用，用于厕所、灌溉系统、冷水机组和其他非饮用水用途。

灰水与黑水不同，黑水来源可能含有有毒物质或诸如食物的有机物质。许多标签和包装生产厂产生的黑水可以按照当地的规定回收、妥善处理和排出到系统中再利用。水回收系统减少了当地水资源的压力，并确保受污染的水不会进入周围的地下水。

Paragon Label公司只使用水性油墨，根据目前的环境法规，这些油墨可以被冲洗掉。但是，该公司仍积极减轻对加州下水道系统的压力，并进一步减少其对环境的影响。Paragon Label公司称，有了回收系统，从工厂排出的水比进来的水更干净。

雨水回收是另一种在工厂内部和周围节约用水的方法。新的建筑结构可以选择简单或复杂的雨水回收系统，或者对现有建筑进行改造。

为了收集雨水进行储存和再利用，需要有一个指定的区域来储存水，称为集水区。这可以像水桶、平顶屋顶、停车场或露台一样简单。最重要的是，用于收集雨水的材料——混凝土、金属等，在收集雨水时不应受到污染。一旦确定了收集地点，就必须建立一个基础设施，将水引至一个储存点，在必要时可以在那里进行清洁，可以在建筑物内的特定区域储存或在建筑外部储存用于灌溉。

全球绿色奖得主、总部位于加州的Paragon Label公司于2001年在其建筑内安装了水处理系统。该系统采用间歇处理工艺，回收平衡池中收集的印刷产生的废水，然后定期地将固定体积的废水转移到化学处理池中。

这个水池一次可储存多达11356L（3000加仑）的废水，释放出附着在水池中固体上的聚合物。当水被排出时，只留下那些固体，垃圾填埋处理时不会造成任何危害。

处理化学试剂按顺序自动添加到废水中，从中分离出选定的污染物。这些选定的污染物会聚结成絮状物，并与水分离。化学处理循环结束后，处理槽中的溶液经过过滤，将絮状物与水分离开。

废水在注入化学处理池之前，空气喷射系统将把平衡池的废水进行混合。接着，待处理的废水将转移至化学处理池，池中的混合器和再循环/污泥输送泵将开始工作。真正的化学处理过程从加入混凝剂开始，混凝剂可降低pH值，使水中的乳状液散开。

投加絮凝剂后，pH控制器将向处理槽中添加足够的pH调节液（石灰浆溶液），将pH值调节至所需水平，以便能够排入城市下水道系统。调节液调节pH值，同时把污泥通过压滤机进行处理。理想的pH值根据城市排放限值而确定。最后加入Poly V 100（废水处理剂）以过滤废水中的金属。

化学处理过程的最后一步是加入一种聚合物，该聚合物能够扩大并包裹絮凝体，以方便过滤。

化学处理循环结束后，系统开始将处理池中的废水转移到压滤机。循环/污泥输送泵将开始工作，通过泵把含有膨胀絮凝体的处理水送到压滤机。压滤机将捕获絮体并形成滤饼。净化后的水将流经压滤机中的收集通道，并储存在滤液储存罐中。液位控制输送泵将定期将滤液贮槽中的水排空至污水收集点。压滤机充满时自动控制系统会提醒操作人员，并将压滤机中的滤饼吹掉。自动控制系统通过循环空气使压滤机中的滤饼含水量降至最低。排污阶段结束后，压滤机准备排空。操作人员打开压滤机，拆开滤板，滤饼掉到下面的污泥车里。

克莱姆森大学（Clemson University）的索诺科包装研究所（Sonoco Institute

for Packaging Research）收集水，通过所谓的“生物膨胀（bio swell）”进行循环利用。将现场收集的大部分水进行过滤，然后循环到供水系统。这一功能，加上建筑内的其他各种水节约系统，使其用水量至少减少了40%，因此获得了LEED创新奖。

4.3 标签厂的节能

人类活动所排放的温室气体的82%，包括步行、驾驶车辆和生产制造，都是与能源有关的二氧化碳。制造业约占工业能源消耗的80%，也占工业能源相关碳排放量的80%。据预测，未来25年，全球能源需求将增长57%，其中，美国和欧洲将增长30%左右。

4.3.1 适度的能源使用

降低工厂的峰值需求是提高负荷系数的关键步骤，并将降低按需求率结构支付的每度电的费用。审查如何用电以及何时用电来控制负荷系数。安装高效照明或空调系统。安排或错开大功率设备，不让大功率设备同时运行。很重要的一点是，在空闲时间和运行期间都要解决能耗问题。

最重要的准备步骤是制定一项正式的能源政策，并承诺不断改进。行业领先的公司必须认识到，正式的能源政策可以解决通货膨胀问题、确保全球经济独立、增强竞争优势、节约资金和能源、减少温室气体排放、缓解对电网的需求，并满足第8章中描述的品牌所有者和零售商的可持续性记分卡要求。

4.3.2 制定能源政策

环境（能源）管理系统（EEMS）通常包括以下部分或全部要素，与标准环境管理系统类似：

①编写能源政策声明；

②制定实施能源政策的组织管理结构；

③提供有关人员和工作职责的信息；

④阐明能源审查和能源规划过程将包含的内容；

⑤制定关于操作、程序和过程的准则；

⑥提供制定、实施的资源信息；

⑦建立审查、维护和改进环境（能源）管理体系和政策以及管理报告的程序。

4.3.3 实施能源政策

标签加工商在实施能源政策时，需要执行许多重要步骤，如图4-6所示。

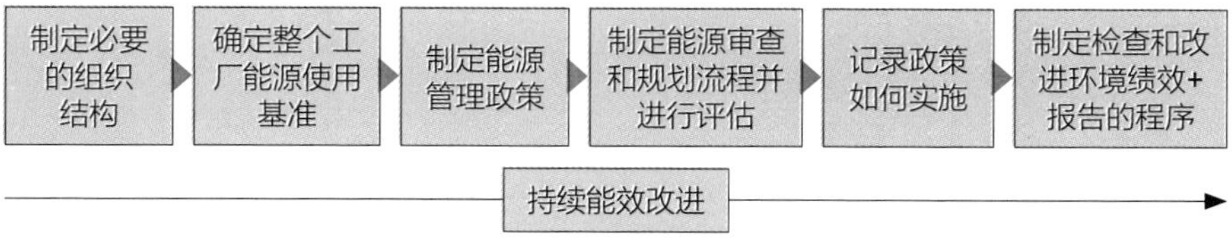

图4-6 实现持续能效改进的过程

接下来详细讨论这些步骤。

（1）专门的能源管理小组 在标签加工企业建立能源管理政策的第一步是指定一个专门的能源团队来协作和制定能源政策，并不断跟踪、修改和完善，使之实现最佳效果。能源团队将在企业各个部门执行能源管理计划，包括印前、印刷车间、印后加工和配送，以及办公空间和生产工厂的外部区域。

（2）**确定基准** 能源团队必须评估生产企业和整个工厂当前和过去的能源绩效。必须通过交叉评估标签制造企业中所有工厂和部门的能源使用情况来确定提高能源绩效和获得经济效益的机会。最终目标是建立一个基准，未来的使用情况就可以根据这个基准进行测量和比较。

（3）**制定能源政策** 一旦标签加工商有了专门的能源团队和一个基准，能源政策必须设定绩效目标，并建立能源管理措施，使其与特定的生产加工和企业文化相一致。

（4）**工厂能源评估** 一旦确立了基准，能源团队就可以开始进行能源性能评估，收集任何给定时间段的能源使用数据，通常是每季度的数据。这些能源评估用于确定能源消耗较高的时间段和按燃料类型分类的能源消耗情况，并确定可以改进的生产机械和建筑系统。能源目标推动能源管理活动，并促进持续改进。制定明确和可衡量的目标对于取得有效成果、制定有效战略和获得经济效益至关重要。

（5）**建立目标，时间表** 评估改进的潜力。审查基准并确定升级的可能性和顺序，进行技术评估和审核。

（6）**采取行动** 目标确立后，企业准备制定改善能源绩效的路线图，如图4-7所示。详细的行动计划是取得成功的关键，与能源政策不同的是，该计划需要定期更新，最常见的是每年更新一次，以反映最近的成就、业绩变化和优先事项的变化。

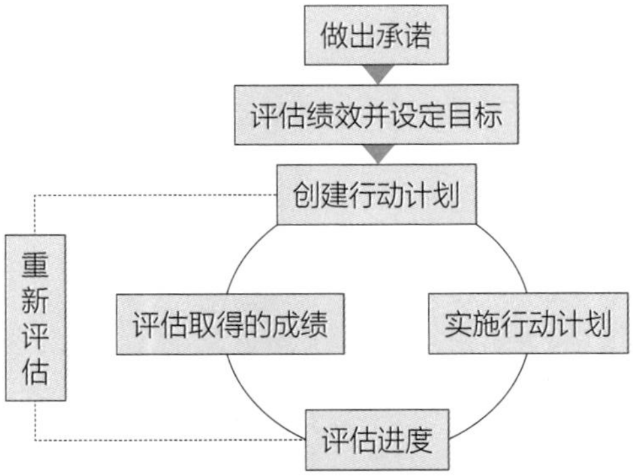

图4-7 制定能源政策的能源之星流程图示例

（7）测量和监控 作为行动计划一部分开发的跟踪系统定期跟踪和监控进度。评估进展包括对能源使用数据的正式审查，以及作为行动计划一部分而采取的活动与绩效目标的匹配。在正式审查过程中收集的评估结果和信息可用于制订新的行动计划、确定最佳实践和制定新的绩效目标。

能源计划是否成功取决于所有参与的人员，因此获得企业内各级别主要人员的支持与合作是成功实施行动计划的重要因素。此外，实现目标通常取决于执行人的意识、承诺和能力。行动计划的细节必须定期传递给所有部门的员工，并确定所有员工参与的角色以及他们的贡献。

4.4 能源

完整电网的三个组成部分包括发电、输电和配电。随着能源成本的上升和有限容量需求的增加，在许多情况下，研究分布式发电的可能性是有意义的。分布式发电来自公用事业公司以外的小型实体，这些公司通过私人生产能源来减轻主电网的压力。在某些情况下，生产的多余能源可以出售给当地的公用事业公司，或通过参与公用事业公司的需求响应计划获得财政奖励，需求响应计划是奖励愿意在高峰时期降低用电负荷的企业。

在美国，发电通常占能源总成本的三分之一到一半，剩余的是输电和配电，在许多情况下，由于需量电费会导致输电和配电较高。购买发电和能源效率只是降低成本的两个因素；如果可能，需要对需求进行监测和控制。

人们越来越意识到全球电网的紧张、能源燃料的枯竭、成本的上升和需求的迅速增长，世界各国都在争先恐后地寻找解决这些问题的办法。随着数字技术融入电网系统，一种允许公共事业公司和消费者之间双向通信的智能电网正在普及。与目前的单向电网系统不同，智能电网可以监控家庭或企业内部的电器设备，协助公共事业公司满足民众的需求，同时授权普通消费者和企业领袖控制对电网的影响，减少家庭或企业的碳足迹。

民间资金和美国立法，如2005年的《能源政策法案》和2007年的《能源独立与安全法案》第十三章，都提出了智能电网的概念，但在2009年全球经济衰退的背景下，并没有获得太多的关注。按照2010年设定的目标，欧洲理事会并不能够实现2020年能源效率提升20%的目标。然而，在2011年2月4日举行的一次会议上，欧洲理事会呼吁立法协助实现这一目标，并加快互联和完全一体化的内部能源市场的建设。

通常情况下，能源大量储存在电网中，在电能需求较低的时候储存过剩的电能，以满足某些时候电能无法满足需求的情况。这使得能源生产和分配的整个过程保持相对稳定。与风能和太阳能等间歇性能源相连的能源电网，依靠这些可再生能源来保持能源供应的稳定，不再取决于需求的上升和下降，从而实现显著的成本效益。

间歇式能源是指那些不能连续供应的能源，不能够随意调配来满足电力系统的需求。这些能源通常用来替代最常见的能源生产所需的化石燃料——煤炭、核能、地热、太阳能和生物质能。

4.4.1 可再生能源 / 替代能源

可再生能源或替代能源，是指来源天然且相互可以无缝替代的能源，如太阳能、风能、潮汐能和地热等。2008年，全球最终能源消耗中有19%来自可再生能源。

2009年，全球可再生能源产能提升，美国和欧洲连续第二年可再生能源新增发电量超过了煤炭、天然气和核能等常规能源新增发电量。联合国环境规划署报告说，欧洲60%的新增装机容量和美国50%新增装机容量是来自替代能源。2009年，全球发电总量按所使用的能源来分，如图4-8所示。

2009年，可再生能源占全球发电产能的25%（4800千兆瓦中占1230千兆瓦），占全球发电量的18%。在过去的几年里，全球风电的年增长率一直保持在30%。全球风电投资从2008年590亿美元（占所有可持续能源投资的

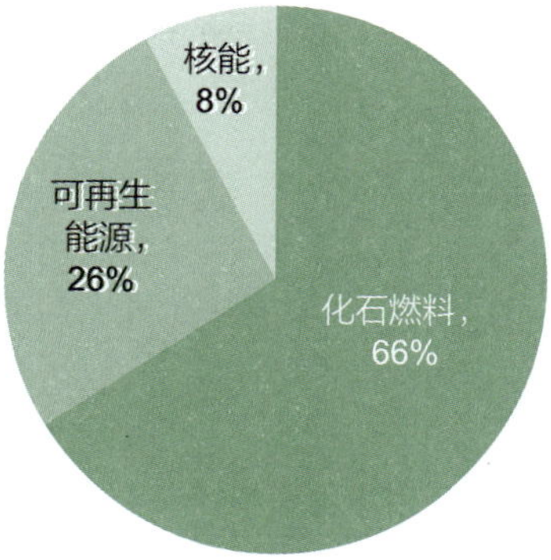

图4-8　2009年全球发电总量中各种能源所占比例（来源：REN21可再生能源2010年全球状况报告）

45%）增长到2009年670亿美元（占全球可再生能源投资总额的56%）。2009年，各种可再生能源电力投资额和增长率如图4-9所示。

2009年，全球对太阳能光伏发电（PV）能源产能的投资达到创纪录的400亿美元。在过去的十年里，太阳能并网发电平均每年增长60%，2009年达到创纪录的7千兆瓦。其中，德国以3.8千兆瓦的长幅领先世界。意大利、日本、美国、捷克共和国和比利时也投入巨资。西班牙是2008年的世界领头羊，在超过政策上限后，安装量在2009年降至较低水平。不过，西班牙11%的电力来自太阳能。

生物质能，即废物转化为能源的燃料，以110亿美元的投资跃居全球第三大最受欢迎的可再生能源。生物燃料主要来自玉米和甘蔗等植物，在全球吸引投资达到70亿美元。拉丁美洲的阿根廷、巴西、哥伦比亚、厄瓜多尔和

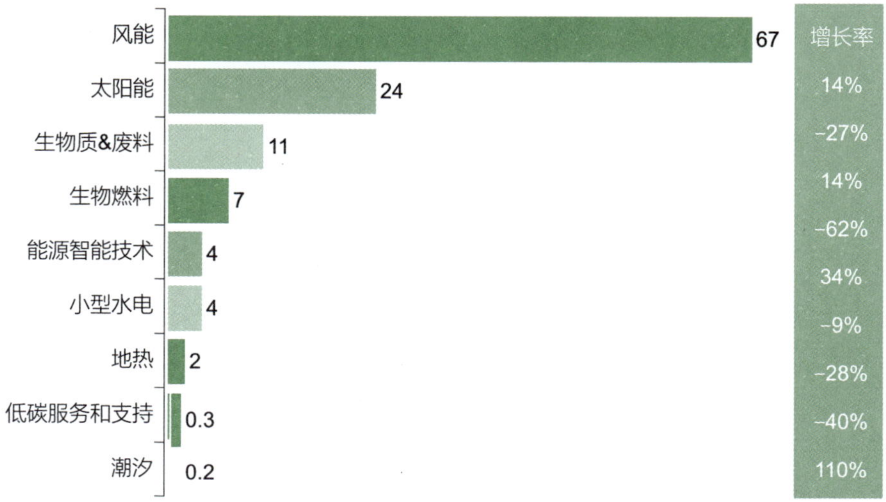

图4-9　2009年按技术分类的全球电力资源投资（亿美元）增长率以2008年数字为基础——可再生能源

秘鲁等国涌现许多生物燃料生产商，并在其他可再生能源技术方面快速发展。巴西拥有世界上最大的可再生能源项目之一，主要是通过甘蔗生产乙醇燃料。全球几乎所有的通过糖制成的乙醇都是巴西生产的，此外，巴西还在不断增加新的生物质和风力发电厂。其他可再生能源投资增长较快的市场包括阿根廷、哥斯达黎加、埃及、印度尼西亚、肯尼亚、坦桑尼亚、泰国、突尼斯和乌拉圭。2004—2009年，全球各地区可再生能源新增电力投资如图4-10所示。

随着标签材料废料能源再生的实施，闭环能量系统存在不错的发展机会。

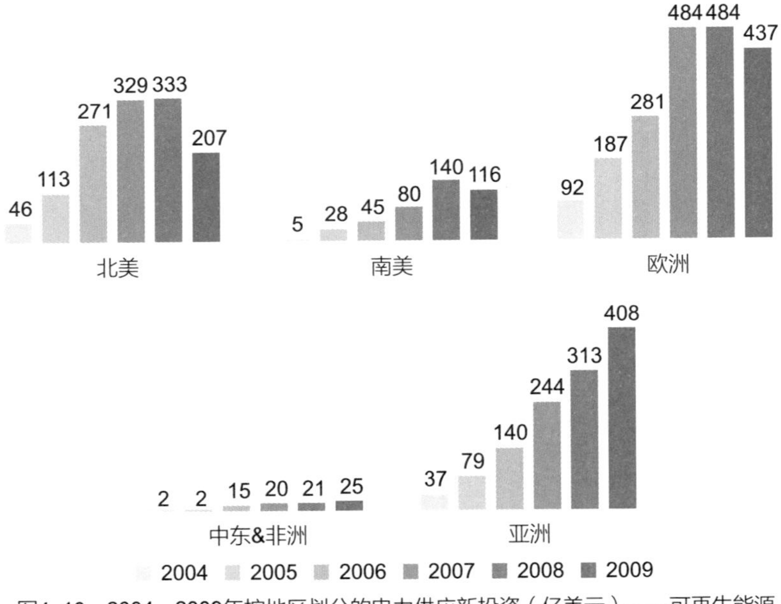

图4-10　2004—2009年按地区划分的电力供应新投资（亿美元）——可再生能源

4.4.2 暖通空调系统

采暖通风与空调（HVAC）系统由许多设备组成，这些设备确保建筑物内的居住者有一个安全健康的环境。现代暖通空调系统可以自动控制空气的流动、质量、建筑物内的温度和湿度，提供通风，减少漏风，保持建筑物不同空间之间的压力和空气分布。

阻尼器、阀门、冷却器、加热器、压力控制装置、可变风量更换器、恒温器、过滤器、风扇、管道、传感器和管理系统都是暖通空调基础设施的一部分。由于初始成本的原因，许多标签和包装加工商在考虑改造暖通空调系统的可能性时一直犹豫不决。然而，当评估和安装满足特定操作时，在合理的时间内实现投资回报是有可能的。插头和工艺负荷的实际估算对于优化暖通空调系统尺寸和性能至关重要，当然，使用过程中的控制也很重要。

插头负载是指插入插座的任何电子设备所消耗的能量，平均占商业建筑能量使用的25%左右。过程负荷是指办公设备和冰箱等建筑物内的非必要能耗设施。

非工艺负荷通常是指维持建筑物正常使用所需的设备载荷，如暖通空调、照明系统、水加热、电机和风扇。对于追求零能耗的建筑来说，插头和工艺负荷预计将是最大的能源消耗。

夜间制冷可以作为获得可持续的暖通空调系统的一种手段。夜间降温是指建筑物内的冷空气在夜间的循环。收集到的冷空气能中和工作时间产生的热量，降低白天高峰时间的冷却能量需求，并产生相关的峰值利用率。

这可以用内部或外部空气来完成。使用外部空气有利于将新鲜空气引入建筑物，改善室内空气质量，并省去了夜间运行机械冷却系统的需要。这类项目必须考虑到建筑地点和区域，以确保夜间温度能满足白天的冷却需求。干燥、非潮湿地区，如美国西南部是实施这类解决方案理想的地区。

通过二氧化碳、空气-空气热回收、需求响应解决方案、系统监控软件和综合管理系统进行通风需求控制，是标签加工商减少建筑运营对环境影响的其他方式。

案例研究1——风力发电

位于密苏里州的Masterpiece Graphix公司是一家专业的数字材料涂布生产商，工厂使用的电能100%来自风力发电。该公司承认，使用可再生能源电能支付的费用更高，但与竞争对手在质量、速度和服务等方面相同时，客户会认识到公司的立场。该公司认为，从可再生能源中获取电力将为其提供高于竞争对手的优势。风力发电如图4-11所示。

图4-11　风力发电示意图

位于比利时的数字印刷机制造商Xeikon，利用100%的可再生能源（水能、风能和太阳能）生产干墨粉。这家欧洲最大的墨粉工厂，在将废料转化为能源的过程中实现了闭环循环。制造过程中产生的任何废料都用来制造混凝土行业使用的小块材料，以替代其他材料来源。

案例研究2——风力发电

总部位于英国的Systems Labeling公司在2010年底对集团内最大的生产设备进行调整，消耗电力最多的8台柔印机采用100%的可再生能源。该集团与苏格兰电力公司签订的新能源合同意味着电力将由当地的风力发电厂供应。此外，公司正在研究位于英国的另外两家工厂实施该项目的好处。

案例研究3——太阳能

2011年初，位于威斯康星州的Orion Energy Systems公司在新泽西州的Anheuser-Busch啤酒厂安装了圆柱形太阳能电池板，如图4-12所示。虽然该系统的峰值效率比硅晶太阳能电池板要低，但产生的总能量却更多，因为能保证太阳有更长的时间以最佳角度照射到圆柱体电池板。而对于硅晶平板系统来说，当早上和下午太阳没有垂直照射到面板上时，其效率就会降低。

图4-12　Anheuser-Busch啤酒厂的圆柱形太阳能电池板

案例研究4——太阳能

Gráfiques Varias S.A.公司成立于1918年，是一家商业和办公产品的印刷商。20世纪30年代开始为Codorniu公司（西班牙卡瓦起泡酒主要生产商之一）印刷单张纸凸版印刷标签，1989年开始涉足自粘标签市场。如今，该公司约70%的标签是自粘标签，是Codorniu公司最大的标签供应商之一，同时为许多订单量仅为1000～1500枚的小酒厂提供标签，以及标签订单量数百万枚的大型酿酒厂。目前公司的客户有300多家，每年印刷的标签数量达到惊人的7亿枚。

2008年，Graf' iques Varias公司利用安装在工厂屋顶上的太阳能电池板自行发电，并声称由此减少192t二氧化碳排放，如图4-13所示。

图4-13　西班牙Graf' iques Varias葡萄酒标签厂的248千瓦光伏太阳能电池板

案例研究5——照明系统

Orion Energy Systems已经在许多终端用户的生产基地安装了集成照明系统，或者已经签订了安装合同，包括卡夫、Sysco、宝洁和可口可乐等公司。

Orion系统利用荧光灯，无线自动控制运动和时间，并通过光导管实现直接可再生能源照明。光导管是一种特殊设计的“天窗”型产品，采集日光然后利用高折射金属铝合金将光线传播到42m^2（450平方英尺）的范围。该公司已经为客户节约了2.62亿美元的能源费用和34亿千瓦时的电量，减少330万t二氧化碳排放和340兆瓦用电量。Orion系统降低了峰值期间和基本消耗期间的用电量，4～5年能收回投资。美国国会最近通过的一项法案将自然采光定义为一种可再生能源。

4.4.3 照明系统

北美商业建筑中只有大约7%的建筑有先进的照明控制系统。简单的系统就可以解决工厂里照明控制问题，因为很多区域不需要连续照明。占位感知传感器可以感知区域内是否有人员，并相应地打开和关闭照明。光计时器也可以打开和关闭照明系统。与手动开关相比，这些传感器可以减少25%～50%的照明使用。

调光系统利用日光减少能源使用和成本，只在必要时启动开关提供照明。照明系统的设计使用更少的灯具，遵循定期的照明维护计划可以实现对照明的需求达到最低水平，实现约15%的能源节省。

使用高效率的照明系统替代现有的照明系统可以帮助工厂降低能源消耗和碳排放，同时也节省了成本。最具成本效益的改造是用T-8能源之星认证的灯管和电子镇流器替代T-12灯管、磁镇流器、荧光灯和白炽灯。虽然高效率灯管成本更高，但其使用的能源却减少三分之一。改造可以节省足够的电力，并在2～3年里收回投资成本，如果有激励计划的话，回报周期会更短。

此外，应启动定期照明维护计划，不使用时关闭非自动灯，尽可能利用日光。新的照明系统可以提高光照水平、消除闪烁或减少眩光，减少眼睛疲劳有可能提高工人的生产效率。这也可以提高印刷产品的颜色质量，提高视觉检查缺陷的成功率。

在室外场合、仓库和天花板高度超过4.6m（15英尺）的室内区域，工厂可以用金属卤素灯和高压钠灯代替效率极低的白炽灯或汞灯。这些高强度灯产生具有较高的照明输出，能源效率提升5倍，灯寿命比白炽灯长得多。

照明系统改进应作为能源政策中的一个整体系统进行评估和解决，以实现最佳效益。许多电力公司提供返还金和支持服务，帮助工厂确定和采取措施降低照明系统的能源消耗。

4.4.4 建筑和系统维护

建筑管理软件可以自动控制和监控整个楼宇的机械和电气部件，包括安全、电力、暖通空调、照明、电梯、消防系统等。这些系统有助于建立基准并监测能源使用情况，以寻找改善建筑能效的可能。

昂贵的印刷和印前设备通常都会定期测试和维护，以达到最佳工作效率，但基本生产设备，如空气过滤系统的维护往往会被忽略。现代生产企业必须为建筑设施制定预防性维护计划，建筑设施是印刷机及工厂其他设备的重要支撑，维护计划有助于提升其可靠性，并延长使用寿命，减少故障停机时间，这也确保了员工时常可以工作在舒适的环境中。

标签和包装机械的运行需要压缩空气，如果控制不当，压缩空气可能会占企业能耗很大一部分。系统容易发生泄漏，因此应将泄漏检测和维修纳入维护计划。还必须定期检查供应和需求使用情况，以确保压缩空气使用得当，并以尽可能最有效的方式供应。

在清洁或维护建筑物时，应尽量减少化学溶剂的使用。如果有可能，尽量使用不含挥发性有机溶剂的清洁用品，并批量订购清洁用品，以减少包装容器的使用。

4.5 柔性版与制版工艺

标签行业使用各种柔版技术，所有这些技术都会产生一定程度的排放和碳足迹，这取决于版材类型、印版厚度、尺寸、制版数量、制版公司和设备功率。毫无疑问，印版品牌商和制版公司都希望标签加工商在可接受的成本下使用最环保的工艺，包括印前和制版工艺。

在这方面，目前标签加工商最常用的柔版技术是溶剂显影数码感光树脂版、热敏显影数码感光树脂版和液体感光树脂版。每一种工艺都经过大量研究，以确定其版材制造的碳足迹，进而确定哪种版材在环境和经济方面是最好的。

例如，McDermid印刷解决方案公司与田纳西大学清洁产品和生态中心合作，开发了一种环境足迹计算器，柔版制造商能够比较上述三种制版技术的环境影响。这种环境足迹计算器采用独特的方法，分析柔版制版工艺中的可持续性数据，帮助加工商做出更明智的决定。

计算器的使用表明，在所有研究场景中，与溶剂显影相比，MacDermid LAVA热敏显影的环境影响更低。液体感光树脂版在制作厚版时的优势尤其明显，厚版目前不采用热敏显影，而液体树脂的回收产生的效益是液体制版技术显著的优势。

然而，与MacDermid的研究和发现相反的是，富林特集团柔印产品业务部门委托巴斯夫SE公司进行了生态效率分析。核心问题仍然是确定最具优势的柔版制版工艺，这一基于成本和生态因素的分析结果同样具有说服力，而且能实现稳定可靠的高质量要求。

这项研究相当于将成熟的感光树脂版的溶剂显影和热敏显影技术（杜邦公司推出已有多年的技术）进行比较。由于富林特集团对技术发展的长期影响感兴趣，公司有意识地选择了复杂的生态效率分析。

对于绝大多数使用溶剂型显影制版技术的用户来说，富林特集团的研究证实，在生态因素方面，使用溶剂型显影印版虽不具有优势，但重要的是这种工艺更具成本效益。

生态效率分析的一个重要发现是经济与生态并不矛盾。特别是，许多使用溶剂显影工艺的用户并不想放弃其质量优势。研究表明，当印版显影用的溶剂按推荐方法回收时，与热敏显影工艺相比，客户可获得10%以上的成本效益。从产生的碳足迹来看，其结果是相似的。在能源和材料消耗对环境的影响方面，两种工艺实际上是基本相同的。降低印版厚度可以大大减少排放量和成本。

杜邦还对柔性版的制造和成像的碳足迹进行了研究。本研究根据杜邦制造基地获得的生产信息，并以每一块版材原材料为基础来计算版材制造的碳足迹。用于模拟制造碳足迹的数据源和用于包装版材的材料都来自SimaPro软件中的可用数据库，SimaPro软件是包含专有材料的专业软件。

对比杜邦研究的热敏显影和溶剂型显影发现，不同成像技术的环境性能取决于溶剂回收操作、设备配置的选择、加工商电网的选择和无纺布材料的选择。

聚酯无纺布是柔性版热敏显影的关键材料，因为聚酯材料生产时产生的碳足迹低于尼龙66。如果加工商使用的电力大部分来自可再生能源，那么从不可再生能源和温室气体节约方面来说，溶剂型显影工艺可能是更可持续的选择。

根据杜邦研究的不同情况发现，柔印加工商所使用的电力有相当一部分来自不可再生能源，如果使用聚酯基无纺布热敏显影数码制版技术代替溶剂型显影的传统制版技术，就可以节省超过18%的不可再生能源，并减少23%以上的温室气体排放。采用尼龙66无纺布的热敏显影工艺与溶剂型显影工艺相比，并没有明显的环境优势。

从柔版和印版成像的各种环境和经济研究中可以看出，计算结果会因为所考虑的因素而有所不同。在确定的条件和应用中，每种工艺都可以证明是最环保的，但是否也是最具成本效益的呢？各种分析过程和因素是否相互关联？哪种制版技术和工艺是最好的？

如果加工商使用相关的版材供应商研究和指导方针（客户可以向供应商索求），那么加工商就可以很好地实现环保或“绿色”，无论采用哪种制版技术。

2012年，杜邦推出TR3计划，收集和回收Cyrel柔性版系统，包括印版包装盒、聚苯乙烯包装、显影辊、PET保护膜、Cyrel印版和裁切废料。只需支付少量费用，杜邦通过TR3计划就可以把回收、重复使用和再循环的材料进行二次商业应用，或替代化石燃料用来产生能源。自从TR3计划启动以来，杜邦已经回收超过453t（100万lb）的材料。

该计划目前提供给美国东部的客户，这些客户使用的Cyrel柔性版占到杜邦总量的70%以上。

4.6 减少溶剂和化学品用量

挥发性有机溶剂（VOCs）是由美国联邦环境保护署（EPA）定义的参与大气光化学反应的有机化合物。简而言之，VOC是任何可挥发并造成空气污染的物质。

印刷所用溶剂主要在油墨和涂料中，甚至是清洗剂中，印刷商非常清楚使用这些化合物所涉及的问题，溶剂会对周围环境中的人和任何其他生物造成危害，会造成严重的水和空气污染，还会污染土壤。

为了管理好溶剂以及溶剂污染的材料，如清洁抹布，必须检查所使用的溶剂。避免使用溶剂可立即解决污染问题，但某些情况下是不可能做到的，所以可以咨询供应商尽可能使用低挥发性溶剂。有些产品是水溶性的，与水混合就可以进行稀释。

用于滚筒、橡皮布和印刷机的清洗剂通常含有萘酚、矿物油和甲醇。现在市场上已经有不含VOC的清洗剂，有些产品是以植物原料为基础，是水溶性的，蒸发速度慢。更高效的自动清洗系统可以大大减少清洗所需的溶剂量。

在客户不断要求供应链更加透明的情况下，加工商非常有必要在可能的情况下提交化学品安全规范表。

溶剂废料的处理可通过以下两种方式：第三方回收或公司内部回收和再

循环。第三方回收公司会带来持续的成本，但其提供的服务是可靠的，留下可信的记录，并免除了加工商的运输责任。

虽然无法完全避免使用溶剂，但溶剂还是可重复使用的。溶剂回收系统将溶剂的清洁和再利用变为一种资产，省去了溶剂处理费用，降低了购买新溶剂的成本，工厂也减少了危险的废弃物，这些都可以在EMS中报告和强调。这也减少了EPA暴露风险以及运输和处理挥发性物质的供应链责任。

溶剂回收系统包括蒸汽再生碳吸附系统、冷冻流体冷凝系统和填料床流体洗涤系统，用于从生产工艺流程中去除和回收溶剂。

内部蒸馏是另一种减少有害溶剂和化学品影响的方法。蒸馏是把废溶剂提取出来并清洁的过程。有三种不同的蒸馏技术：手动、半自动和自动蒸馏。由于更换溶剂会使成本增加50%以上，蒸馏是一个可行的节约成本的选择。

蒸馏器将废料蒸发，以纯溶剂的形式回收并重复使用。从纯溶剂中分离出来的废料只是原始体积的一小部分，可以储存起来供最终收集和处置，或者可以作为生物质燃料进行回收和再利用。

4.7 环保油墨和工艺

VOC可能是印刷业可持续性和油墨选择面临的最突出问题。遵守CONEG包装材料法规、减少包装中有害物质法规（RTP）、加利福尼亚第65号提案以及减少有害物质（RoHS）等全球标准是非常必要的。

如果研究油墨的组成，就可以确认哪些成分会释放VOC。水蒸发时，不会造成有害的空气污染；树脂和干性粉末的颜料不会蒸发，尽管氧化钛、铬酸盐钼和铁仍在使用，并会带来其他影响，如渗入储蓄水中；一些油墨中使用的溶剂能够挥发，并将二甲苯和甲苯等有害物质释放到大气中。

大多数业内领先的油墨供应商正以各种方式认真对待可持续性。一些公司已经建立了可持续性报告制度，提供公司内部工作的详细信息，为加工商提供更高的供应链透明度。其他公司则与第三方认证公司合作，审查其可持续发展计划，并对各种产品进行环境认证。油墨公司正在不断推出新油墨，研究和开发含可再生成分的新产品。

太阳化学公司已经进入可持续发展的第三个年头，公司一直在研究如何降低碳足迹。太阳化学与致力于可持续发展的第三方技术支持公司EnviroN合作开发了SunCare，为其客户提供环境咨询帮助。油墨供应商还提供产品生命周期数据，目前只提供供应商和客户之间门到门的数据。如果再进一步，油墨公司将很快开始评估自己的供应链。

化学公司巴斯夫是一家油墨树脂生产商，2008年编制了薄膜印刷市场柔印油墨的生态效率分析，比较了产品或工艺在其生命周期中的经济和环境影响。本研究比较薄膜上25%图像覆盖率时水性油墨、溶剂型油墨和UV油墨三种油墨的环境性能。每个产品评价六个环境指标以及成本：土地使用、能源消耗、排放、毒性潜势、潜在风险、资源消耗。最后，研究认为水性油墨是三种柔印油墨中最环保、成本较低的选择，如表4-1所示。

表 4-1　巴斯夫的研究总结

油墨	类型
水性油墨	土地使用
	能源消耗
溶剂型油墨	排放
	毒性潜势
UV 油墨	潜在风险
	资源消耗

巴斯夫公司的研究是在美国中西部的卫星式柔印机上完成的。研究发现，溶剂型油墨在整个循环中消耗的能量最多，主要是由于油墨配方中涉及的化学溶剂。溶剂型油墨使用的自然资源量最高，而水性油墨和紫外线油墨消耗量基本相同。

当仔细研究排放物或可能的全球变暖潜力（GWP）时，人们发现，由于用电比用气效率低，UV固化油墨的负面影响最大。

4.7.1 环保油墨

如果油墨配方中不含任何重金属且只含有微量VOC，这就向环保迈出了一大步。目前市场上开始出现替代溶剂型油墨、水性油墨和UV油墨的新产品，比如大豆油墨和玉米油墨以及含有可再生成分的油墨，这些产品在不影响油墨质量的情况下有效地减少了排放。

美国油墨制造商协会推出可验证的生物基可再生材料含量（BRC）认证。由于印刷机对油墨物理/化学性能的要求以及用于干燥油墨的方法不同，BRC取决于不同的印刷工艺和应用领域。因此，不同油墨类型之间BRC值无法相互比较，每种油墨类型都有其自己的BRC范围。

在平版印刷和凸版印刷领域，植物基油墨是传统石油基油墨合格的替代品。美国印刷行业只使用无毒的植物油基油墨，其中含有大豆油、棉籽油、玉米油和其他植物油的混合物。这种油墨几乎完全消除有毒气体的排放和危险废物的产生，并改善室了内空气质量，是受到广泛认可的可再生资源。

富林特集团提供的BioCure F UV固化柔印油墨含有10%的可再生亚麻子油丙烯酸酯，取代了传统的树脂。该公司还有一款AquaSoy水性油墨生产线，其树脂主要来自专门种植的大豆。美国大豆协会推出Soy Seal标识，用来证明至少含有15%大豆油树脂的水性柔印油墨。Zeller+Gmelin也推出含有20%可再生成分的UV柔印油墨Nuvaflex 35系列，包括不透明的白墨。该公司称，Nuvaflex 35油墨聚合时释放的VOC不足1%。

Nazdar公司推出一款碱溶性的水性油墨，用于可重复使用的瓶子，深受拉美啤酒市场和其他饮料行业的青睐。这种油墨可在碱性溶液中清洗掉，并不会损害纸质废标签的完整性，正如第6章所述，这是审核产品生命周期影响的一个非常重要的方面。

INX公司已将其单张纸油墨生产线认证为EcoLogo，EcoLogo是加拿大政府于1988年制定的环境标准和认证标志，目前已在全球使用。EcoLogo符合ISO14024生态标签标准。

4.7.2 水性油墨和 UV 油墨

水性光油用于保护印刷品免受划痕和指纹等破坏。和传统的石油基光油不同，水性涂料不会释放任何危险物质，所以认为是无毒的。

水性油墨，广泛应用于柔性版印刷、凹版印刷、胶印和丝网印刷。虽然一些印刷商声称使用水基油墨存在质量问题，但许多印刷商还是在各种承印材料上实现了鲜艳的色彩，在整个印刷过程中黏度保持一致，覆盖率较好，从而减少了油墨消耗量，降低了油墨成本。

市场上有许多可靠的供应商、跨国公司或本地公司都提供质量可靠的水性油墨。例如，Actega WIT推出了一种水性亮金属油墨，这款油墨色彩稳定持久，印刷稳定性高，还具有优异的油墨叠印能力。公司同时推出的还有针对葡萄酒标签市场的高光和哑光光油。

使用水性油墨的困难在于所需的干燥时间较长。UV油墨采用紫外线固化，油墨成分大部分是固体，油墨中几乎不含VOC。然而，UV油墨需要使用丙烯酸树脂，这种树脂具有刺激性。UV辐射会损害皮肤，并会使空气中的氧气氧化生成臭氧，这也会消耗一定量的能源。

4.7.3 油墨容器回收

许多标签和包装加工商在油墨供应商的支持下，正在减少、重复使用和回收油墨及包装容器。INX为客户提供了《基本指南：客户废弃物管理选项》，可以减少他们在生产方面产生的废弃物和碳足迹。

该指南向客户介绍了塑料油墨容器的可回收性以及各种可能的处理方法，包括商业和工业回收计划以及通过焚烧将废物转化为能源。指南中提到，其位于各地的工厂将收集容器，但不同地区容器的清洁度、刮伤和清洗程度可能有不同的标准，因此需要与当地公司核对具体标准。INX指南为加工商提供了一个基本的参考，用于评估哪个回收渠道最适合其具体操作，如表4-2所示。

表 4-2　城市回收中 INX 油墨容器回收的基本网格

	油墨残留	废弃物体积	废弃物渠道	容器形状 / 大小
商业	最严格－擦干净或清洗干净	最小	有限的	推荐压扁 / 扁平
工业	一般严格－擦干净	↓	↓	
废弃物到能源	最宽松	最大	拓宽的	更多非标准形状 / 大小

4.7.4 降低 UV 固化和干燥系统的能耗

UV固化是指利用紫外光辐射的能量而不是传统的热能来干燥涂料、油墨和黏合剂的方法。传统的UV固化系统由灯头、反光镜、冷却系统和电源组成。

最常见的紫外线灯是汞灯，因为其提供最宽的电弧光谱。此外还有金属卤化物灯，其中汞与铁或镓混合以调整光谱范围。通常，建议在任何可能的固化应用中使用汞灯，因为它比卤化物灯寿命更长，而且通常成本更低。

复杂的电气系统用于点燃、预热和运行高强度的中压汞蒸气灯。每盏灯都需要高电压来启动电弧，而在运行过程中则需要低电压来维持电弧。

为确保固化速度恒定，电气系统由三相稳压器或镇流器进行功率调节。即使在线路电压变化的情况下，稳定的电气系统也能为紫外灯提供恒定的功率。无限可变的输出功率确保UV灯的高效运行。

在大多数情况下，一个汞灯需要一个镇流器来控制，每个镇流器为灯提供恒定的功率。当线路电压波动达10%时，灯的功率变化不会超过3%。镇流器通常控制灯管满功率输出，当然，也通过使用电容开关网络实现50%或75%的输出功率。开关电容网络允许使用电子可变电阻，没有运动部件，和标准电阻相比，可以实现可调式输入电压。镇流器可用于各种输入电压，并可在50Hz或60Hz下工作。

变压器/扼流圈镇流器型电源的输出电压为50～60Hz的正弦电压。灯管的UV输出取决于输入电压的大小，因此脉冲频率是输入电压频率的两倍。三相输入，主电压波动（在370～480V，50～60Hz范围内）时可以确保所有负载条件下平衡，并提供稳定的UV输出。

与传统的变压器/扼流圈镇流器的正弦功率输出相比，方形电流在同样的功率条件下UV输出会提升大约10%。典型的灯管输出在100～120Hz变化。

低功率和高功率系统的140W/cm输出能量可以应用于许多标签领域，但更复杂的单层膜需要的固化能量为200W/cm。

GEW公司是2009年欧洲标签展首届“全球绿色奖”的获得者。所有供应商提交的申请均采用五个因素交叉评估：减少/预防污染、环境领导力和经济效益，以及与行业的相关性、负责任的采购和技术发展潜力。

GEW公司获奖是因为公司推出的e-System UV油墨固化设备，即e-Brick灯管控制和电源通过高压、高频方波技术将紫外线输出提高20%。这种系统也确保更均匀一致的固化性能。和类似的固化系统相比，e-Brick运行功率降低30%。二氧化碳排放减少30%，同时延长了灯管使用寿命，为用户带来了显著的成本节约。e-System可以安装到任何类型的印刷机，并在全球得到广泛的应用。

与传统的UV固化技术，即传统的变压器/扼流圈提供的UV固化系统相比，e-System系列电子电源和光学设计完美的灯罩可为客户减少35.7t二氧化碳排放，同时降低860万欧元的成本。

e-Brick结构紧凑，重量轻，可堆叠，体积不到传统固化系统的30%，重量不到传统固化系统的20%，减少了运输尺寸、重量和成本。e-Brick的输出电压是300Hz的方波。

紫外灯管在使用过程中会放出热量，因此需要冷却部件，可以通过排气或水冷来冷却。重要的是咨询供应商哪种冷却系统对印刷的产品最有效。大多数情况下，排气冷却系统比水冷系统会产生更高的成本。

GEW公司为e-Brick系统新增UV输出水平自动控制系统，该系统能够根据印刷速度来控制UV输出水平。通过使用集成控制程序，可以监控系统的诊断功能，以优化紫外线输出，提高灯管寿命和UV固化系统的整体性能。借助此自动化系统，GEW公司旨在帮助其客户进一步降低能源成本，并通过最低的固化功率防止印刷废品的产生。同时，针对难固化的印刷品系统也可以提升固化功率。

使用该系统，GEW客户可以根据油墨、涂料或黏合剂的特性，以适当的印刷速度选择固化所需的功率级别。现在，固化功率不是由制造商设定，用户可以选择固化特定作业所需的任何功率，同时确保最高的能效水平。

UV固化系统在运行间隙、换班和休息期间经常处于备用状态，因此当操作员想要开始印刷生产时，UV系统可以随时运行。GreenTimer智能系统可以自动打开和关闭固化系统，记录高峰和低谷期的使用情况，这样就可以轻松量化所节省的成本。

无论固化系统采用压缩空气冷却或水冷却，根据印刷机和固化系统的使用情况，应安排每周一次或每两周一次的维护和清洁保养。

4.7.5 UV-LED 固化

UV-LED固化技术不含汞，不会产生对臭氧有害的排放物。与传统灯管相比，新固化技术可以提升生产速度、降低生产成本并减少能源消耗。虽然UV-LED正快速成为一种理想的替代固化技术，但针对这种固化技术的油墨还没有广泛地推出。

Phoseon公司ELC电子电源可以在低功率输入下保持运行。UV装置在待机模式下输出功率仅为20%~30%。该系统配有输出控制，以实现均匀和精确的温度控制。集成控制和监控系统可以保证固化系统在电压变化±10%的情况下稳定运行。

LED可以对热敏基材上的油墨和涂料进行固化，而不会导致基材发生变形。灯管可以切换到节能待机模式，灯管输出功率可以根据印刷速度在25%～100%自动调整。ELC系列灯管输出功率为4～32kW。

Phoseon公司的专利Light Matrix光矩阵技术采用半导体阵列高功率UV-LED技术，可以在生产过程中打开和关闭。LED不会产生多余的热量，可以作为常规废弃物处理，而含汞的紫外灯管废弃时会成为有害物质。

请注意，所有现代UV固化系统都能够在印刷机未正式生产时自动切换到待机模式，此时功率水平保持在满功率的18%～50%。

Mark Andy和富林特集团（Flint Group）一直支持柔印机使用LED-UV，而LED-UV的数字化应用通常为色组间固定。2014年，EFI Jetrion公司在美洲标签展上推出了一款采用LED-UV进行最终固化的喷墨打印机。

4.7.6 可持续印刷机工程

标签印刷机制造商近年来做了大量工作，希望提升标签印刷设备的可持续性，减少试机和运行时间，减少印刷机运行浪费，并同时考虑到生命周期因素重新设计印刷机。

例如，Gallus（捷拉斯）公司已经审查了标签印刷机和印刷车间的环境条件，评估了环境影响，并研究印刷车间如何减少废弃物、提升能源效率、降低噪声和热量，见表4-3。

表4-3　印刷车间环境中可能出现的浪费，需要改善环境性能、能源效率和减少浪费

印刷机消耗的资源		印刷机产生的	
几乎无须监管	无须监管	需要良好监管	
承印材料	电力	热量	标签废弃物
油墨	水	气味	
工具	空气	噪声	
辅助材料		分解产物	

更进一步说，捷拉斯公司在研究标签印刷机能源消耗的领域，寻求相应的解决方案，在印刷机设计中将可持续性转化为经济效益。UV干燥一直是标签印刷机能耗最大的环节。现在，捷拉斯 ECS 340印刷机的UV固化系统未配置排气装置，同时采用最新的反光罩和灯管技术，每年可减少高达10000欧元的能源成本，并完全消除了向环境中的臭氧排放。由于设备采用集中水冷和UV固化系统，其节约的能源可以满足两到三家独栋住宅的需要，如图4-14所示。

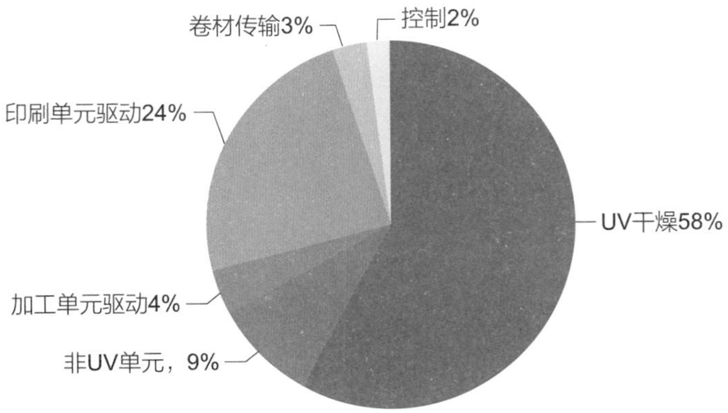

图4-14　8个印刷单元的标签印刷机以100m/min的速度运转的能耗由Gallus集团提供信息

在印刷机设计方面，捷拉斯RCS 340采用非常短的走纸线路，据说，可以将印刷走纸总长度从大约50m降低到12m，这意味着每年可减少10t左右的生产废料，节省4万欧元的成本。

功能性的印刷机设计不仅有助于降低生产的能源成本，又能显著缩短印刷机的制造周期。从历史上看，捷拉斯一个印刷单元由大约300个零件组成；而现在，最新一代的印刷单元只有90个零件。

这些具有可持续性的印刷机来自捷拉斯的设计，当然，大多数领先的标签印刷机制造商都致力于在最新一代印刷机中采用类似或替代的解决方案，实现可持续性、节约能耗和减少浪费。

标签加工商利用这些最新设计的印刷机，再加上其他提升标签生产效率的装置，如自动检测、精密的墨水分配系统以及最新的模切技术，就可以实现显著的成本节约。这可以在下面的案例研究中看到。

4.8 全建筑能耗计算

为了创建标签和包装加工商的能源基准，可以借助有许多方法和工具进行能源分析。有许多计算机模拟软件可用于新建筑设计和已建好的生产基地，还有各种关注特定地区和能源类型的在线能源计算器。

美国能源部能源效率和可再生能源办公室有一份建筑能源软件工具清单，包含有近400家供应商。该清单可在以下网站找到：http://apps1.eere.energy.gov/buildings/tools/u directory/。

要计算建筑总能耗，必须从水电费账单中收集数据，数据应包括工厂使用的电力、天然气和任何其他燃料来源。能源估算应考虑所有预期能源使用，包括设备和系统等常规负荷，以及插头负荷、插座上的电子设备消耗的能源和工艺负荷等非常规负荷。

评估和设定改进目标时需要确定实际能源使用数据，暖通空调、照明和机械系统、压缩空气用量、生活热水、外部照明和电梯等系统都是重要的考虑因素。为了准确起见，需要使用实际的操作计划和正确的系统编号。

关键步骤包括：在不生产的情况下巡视工厂以确定能源浪费，检查设备的运行时间和设置，建立能源关闭程序列表，与工厂经理和员工一起审查这些程序，按照程序定期检查工厂。

美国的Energy Star（能源之星）和欧洲的Build Up都为标签加工商提供了评估整个建筑能效的工具。能源之星有投资管理计划，帮助跟踪一段时间内的建筑的能源使用和用水消耗，并估计其总碳足迹。该系统采用百分制评估，50分为平均性能，达到75分或更高分数的建筑可以申请“能源之星”标识。

位于新西兰奥克兰的Adhesive Print有限公司是公认的全球领先的不干胶标签技术、生产和应用公司，公司获得ISO9001：2008质量标准和ISO14001环境标准认证。公司已经将废弃物减少到最低限度，减少废弃物的领域包括：

①使用Inkmaker单点分配系统，提供即时可用的无限颜色组合，减少墨水库存，轻松回收墨水而不浪费。因此，该公司从生产流程中消除了油墨废品的产生，现在油墨回收率达到99%；

②使用先进的AVT PrintVision/Helios 100%自动检测设备，印刷废品至少降低50%，有时甚至接近90%；

③采用行业领先的Interloc激光模切技术，在生产不规则形状标签时既节省材料又节省时间；

④投资采购最新的捷拉斯印刷机，减少开机浪费，比以前节约更多的资源；

⑤确保公司的所有方面都尽可能回收利用；

⑥承诺继续减少新西兰和澳大利亚工厂中的废弃物、循环回收、节约能耗。

4.8.1 计算温室气体

建筑行业占到整个温室气体排放量的三分之一，建筑的生命周期包括建造、使用和使用后三个阶段。计算加工商生产建筑的碳排放量对于推进建筑节约能源和减少资源消耗至关重要。

4.8.2 碳排放度量指标

2009年11月，全球领先的“绿色”建筑集团，也被称为绿色建筑委员会，包括澳大利亚、英国和美国以及BRE Trust同意开发一种通用的全球标准来测量建筑物的碳足迹，并开发一种通用的碳计量方法。由此，联合国环境规划署的SBCI项目“碳排放度量指标”由领先的“绿色”建筑评估工具（如LEEDs和BREEAM）进行试点。

建筑物的使用阶段占总排放量的80%～90%，因此常用的碳排放度量指标主要集中在这一领域。该指标以两种方式评估性能：在建筑层面，自下而上；在区域或国家层面，自上而下。一般来说，行业应更关注单个建筑的数据收集和碳排放量计算。然而，随着可持续发展的不断推进，毫无疑问，将需要一种自上而下的方法来测量单个建筑的排放量，并将其与其他国家和地区相同规模的建筑进行比较。

实际报告是按建筑类型和气候区域按每平方米每年（kg CO_2/m^2/年）排放的二氧化碳当量（kg CO_2）计算的。

虽然碳排放度量指标不是一种建筑评级工具，但它与全球使用的评估建筑环境绩效的方法一致，例如由世界可持续发展商业理事会（WBCSD）和世界资源研究所（WRI）支持的温室气体核算体系（GHG Protocol），以及ISO15392：2008《建筑施工的可持续性》和ISO14040/44：2006《生命周期评估的一般原则》。

碳排放度量指标的发展为BREEAM与绿色建筑委员会运营的评级工具的合作打开了大门，制定了一个真正减少建筑对环境影响的全球标准。

生产现场的管理效率在降低碳排放和能源消耗方面有着巨大的潜力。建筑消耗了全球能源的40%，排放了全球废气的30%，这有很大的降低空间。

因此，“绿色”建筑的做法被越来越多地采用，包括制定和实施能源政策。通过智能电网集成、能源管理政策、从可再生能源中获取能源以及使用先进的建筑管理软件来监测、跟踪和记录进展，加工商有更多的机会减少制造业建筑的环境足迹。

为了向品牌商和零售商提供更透明的供应链，记录环境影响至关重要，这将有助于加工商遵守当地法规和可持续性记分卡。建筑的预防性维护系统是有效能源政策的关键组成部分，必须定期执行。

所有这些努力将有助于减少加工商的总碳足迹，降低成本，并为员工和周围社区提供一个长期的、更可持续的环境。

4.9 制定能源效率政策

为了帮助标签加工商制定能效政策，本书整理了一份简要的政策文件，加工商根据需要使用、修改和更新。如下所述。

环境管理政策

XYZ标签公司致力于成为在生产和非生产时间能源利用最高效的行业领导者，实现这一目标的战略要点是：

①持续监控环境问题、标准和最佳实践，以便在必要时实施，并给客户提供相应的建议；

②遵守所有相关环境法规；

③努力改善环境绩效，并致力于持续改进，以创建可持续的标签解决方案；

④关注环境，致力于为客户提供经认证的绿色材料和印刷解决方案；

⑤减少废弃物，消除垃圾填埋；

⑥积极推动公司内部以及客户和供应商对材料的循环利用；

⑦鼓励有效利用能源、公用设施和自然资源；

⑧减少有毒气体排放，并采取认证项目来中和公司产生的温室气体排放；

⑨由独立审计师定期评估，以确保达到（ISO、LIFE、EMAS、FSC等）或超过环境标准要求；

⑩投入必要的时间和资源，为员工提供环境培训，并争取他们的支持，以提高公司的业绩；

⑪支持对消费者、公众和政府进行有关我们产品和服务的环境概况的教育；

⑫提高社区的环境意识；

⑬衡量对环境的影响，并制定持续改进的目标。

第 5 章

标签厂固体废弃物管理

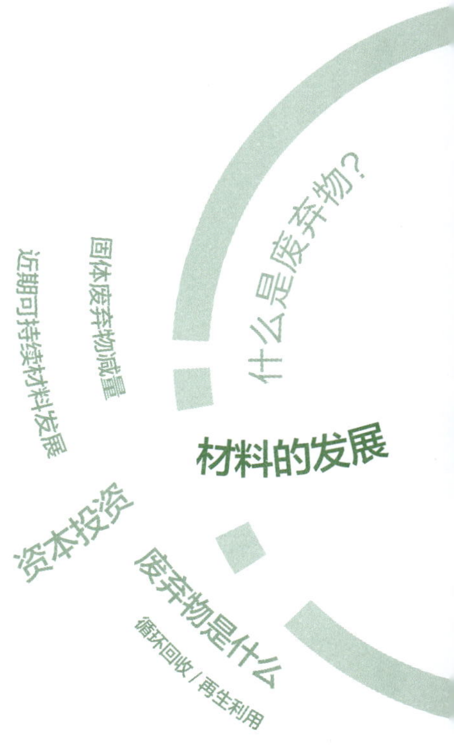

所有标签加工商都应定期审查其生产工艺，研究如何在标签和包装生产中尽量减少固体废弃物的产生。这些废弃物可能来自各个环节，如标签模切废边、料卷边缘裁切废料、印刷试机和运行中产生的废品、检测出的废品、印版、薄膜、油墨及其容器，甚至危险废弃物，如溶剂、橡皮布清洗剂、油和油脂、墨斗溶剂、感光化学品、酸和凹版腐蚀液以及污染的破布。

然而，标签材料本身，尤其是自粘标签材料，产生的材料废弃物最多。据估计，标签加工厂的自粘标签材料中，约60%最终成为废弃物，其中35%是离型底纸。

最近的一项研究发现，标签加工商购买的材料中平均有17%在生产过程中变成废弃物，而且这个数据还不包括模切排废和边缘修整浪费。换而言之，加工商采购的材料中实际只有83%销售给最终客户。用于印刷标签的材料应受到足够重视，根据配送方式不同，材料占销售额的60%～70%，因此需要在整个生产过程中应对其进行严格管理。

即便如此，据估计，目前80%的标签行业废弃物被送往垃圾填埋场。这是不明智、不可持续的，而且环境不友好，也不具成本效益。所以我们需要更详细地评估这些领域的问题。

首先，就标签材料而言，与材料管理和废弃物减少相关的主要环节确切地包括：

①生产效率；

②运输和搬运过程中料卷的损坏；

③净重减少；

④料卷外部剥离的不必要材料；

⑤对接辊；

⑥卷材面积利用最大化；

⑦卷材断裂；

⑧料卷上剩余的材料；

⑨更换料卷时停机导致的材料损失；

⑩质量差，有缺陷的材料；

⑪有效的设计和标签生命周期评价。

生产效率是减少浪费和提高利润的关键。精益生产策略的管理工具和措施，无疑是提高印刷机正常运行时间的理想方式。5S、持续改善、SMED缩短试机时间，建立防错机制提高生产质量并减少缺陷，提高员工士气，增强生产灵活性，并提供更安全的工作环境等。

浪费直接等于利润损失。浪费的原因包括材料搬运、储存以及设备维护、操作员培训和技能以及作业更换方式。为了减少固体废弃物，加工商必须首先确定生产工艺中废弃物产生的原因和数量。为了实现零垃圾填埋，制造商必须更进一步跟踪垃圾产生，并发掘使材料得到更有效利用的新途径：减量、回收、再循环、升级再造或降级回收，如图5-1所示。

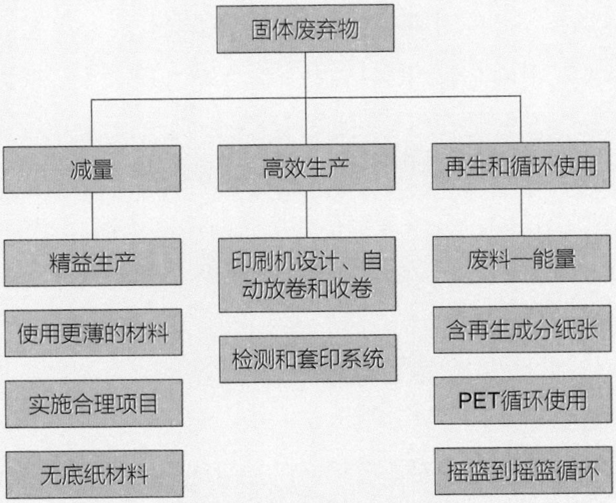

图5-1　减少标签废料填埋的方法

为了验证通过实施这一系列减少废弃物或提高生产效率的措施所达到的效果，我们以沃尔玛的印刷和邮寄配送中心（PMDC）为例。PMDC中心位于阿肯色州本顿维尔的总部附近，旨在减少必须外包的工作量。PMDC作为一家独立的邮局运行，负责员工邮件、打印美国各地的商业表格和商店标志，在1.83万m^2（19.8万平方英尺）的生产车间内，为沃尔玛品牌的食品包装打印数百万个热转印标签。毫无疑问，这里有各种各样的材料和废弃物流，必须避免将这些废弃物送到垃圾填埋场。

2005年，PMDC的质量部门启动了一项重要的回收计划，该计划记录回收取得的成绩、废弃物的减少数量等。高层管理人员从一开始就完全支持这项计划，将任务指定给回收团队，以获得各部门的批准和员工的认可。

回收团队创建了一个回收表格，以确定可以从废弃物流中回收哪些材料。纸和纸板、非纸基质（薄膜、复合材料等）、塑料、金属、木材和产品容器都是标签工厂内常见的废弃物。有些纸可以分两个等级回收利用，即有墨纸和无墨纸，并且可以获得更好的回报。

一旦确定了不同的废弃物流，就可以与当地公司建立合作关系，这些公司可以回收各种类型的工厂垃圾，并在工厂指定垃圾堆积区。质量控制经理、工厂回收主管Karen Eshleman说，关键是要回收方便。“我们有一个区域供每个部门对最多的废弃物进行适当分类，每个员工的办公桌旁都有一个塑料瓶回收桶。”通过PMDC设计的回收标签跟踪废弃物的数量，工厂可以跟踪每个包装具体会产生什么类型的废弃物。

回收标签计划和记录活动开始执行以后，很快标签部门就产生了大量的标签废弃物，特别是模切废边。为了帮助解决这个问题，PMDC投资了一个与真空排废相连的抽料筒。标签废边会自动从印刷机流向抽料机构，每12周清空一次，而不是像以前那样每两周清空一次。

回收标签有两张纸——一张供PMDC保存，一张供回收商存档。由于每箱垃圾都装在卡车上，其确切位置可以被跟踪，因此能确保可靠的监管链。Eshleman说："这是质量的重要组成部分，因为它有助于保持建筑的清洁和高效。"

PMDC印刷产品经理Marty Vavra解释说，"我们这么做是因为这是正确的事，能帮助企业经营得更好。"

2007年，PMDC回收了1.3t以前填埋的垃圾，其目标是通过监控生产过程，将废弃物"产量"减少到1.1t。PMDC近95%的垃圾已经放弃之前填埋的处理方式，为各种废弃物找到合适的解决方案。

可持续性问题与价格和质量同样重要。沃尔玛向PMDC提出的问题和向所有供应商提出的问题一样："是的，我们想要质量；是的，我们想要价格；但是你在可持续性方面做了什么？"

Vavra认为回收和不回收一样简单。"如果你已经在做了，想办法做得更好。和你当地的回收商一起讨论，看看他们还能再利用什么，或者寻求其他有简单、创新选择的供应商采购。例如，我们正在研究无芯标签料卷，因为这是一种减少纸张使用的简单方法。咨询你的供应商寻求支持。"

Eshleman、Vavra和PMDC质量控制团队从热敏材料供应商理光电子公司（Ricoh Electronics）率先开始废弃物管理，自2001年以来，理光电子公司一直是零垃圾填埋。

废弃物减量、回收和再利用需要成为标签加工商的第二主业，管理层和员工不断致力于进一步减量、提高生产效率，并最终努力实现所有固体废弃物的零填埋，提高利润和盈利能力。

下文阐述实现这一目标的关键阶段和步骤。

5.1 固体废弃物减量

为了真正遏制包装废弃物的产生，标签从一开始就必须针对实现高生命周期价值而设计，尽可能减少材料使用，并充分利用快速套印系统、准确的色彩管理和检测系统、连续且精确的模切以及自动放卷、拼接和复卷系统。

标签结构必须考虑产品容器的材料，整个包装必须考虑回收时材料之间的兼容性，避免产生相互影响，保持废弃物的最大价值。这是一个可盈利的机会，或有助于实现逆向物流，或回收再生，或保持成本。

在采取这些措施的同时，必须对印刷机生产、仓库、印后加工、包装和配送等部门的员工进行有效培训，以保证合理地材料搬运、储存、设备操作、清洁和处置，确保进一步减少和正确有效地处理废弃物。

接下来详细分析减少固体废弃物的具体领域。精益制造——每一个制造过程，都有许多领域可以不断进行环境改善，但在生产过程中往往被忽视。废弃物——比如缺陷产品、生产过剩和库存过多，往往是生产效率低下的标志，同时这也是降低成本的真正机会。

减少废弃物的最简单方法是仔细研究料卷搬运方法。坚持在搬运和储存过程中小心谨慎，确保工作场所清洁。为了尽量减少运输、储存和搬运过程中的浪费，有必要实施新的做法，并考虑投资新的高效料卷搬运设备。

精益六西格玛是推动废弃物管理合理化的平台。ELS方法用于持续改进产品质量和业务流程，以减少浪费、提高运营效率和推动环境改善。精益生产专注于事物的发展过程，并且在系统中充分考虑责任，将可持续性作为精益制造过程的一部分。所要达到的指标与过程控制很好地吻合，组织管理结构配合到位。

例如，减少固体废弃物是SpearEarth环境管理体系（见第3章）关注的关键领域之一，与废弃物循环回收同样重要。SpearEarth体系是一个激发引擎，需要配备真正使其运转、并持续改进以及在日常操作中进行评估的人员。Spear公司有15%的员工都接受过绿带（Green Belt）培训。

每年，Spear公司都会开展设置标准化和设备正常运行时间项目，由此可带来大量节省。每项业务都有以六西格玛为指导正在开展的项目，2009年，Spear产量提高了2%，平均每年减少55t的生产废弃物。

5.1.1 使用更薄的材料

薄膜和纸张材料的轻量化已成为标签行业的主流，最初目的是降低成本，现在越来越多地是出于遵守可持续发展法规。较薄的材料不仅减少了制造过程中使用的固体材料，而且还降低了能源消耗，每卷材料可加工更多的标签，每辆卡车就可以装载更多的标签。

无标签感标签的行业标准厚度为：2.0mmBOPP面材、0.5mm黏合剂和1.0mmPET底纸。越来越多的加工商成功加工厚度降低17%的标签，其每层厚度分别为面材1.6mm，黏合剂0.4mm，底纸0.9mm。

5.1.2 实施 Exact 计划

标签加工商可以实施供应商的精确宽度计划，材料可以根据特定订单做到最佳的分切宽度，来实现显著的成本节约。这样的计划可以减少边料、修边和模切废边的产生。

Spear公司的工厂通过艾利丹尼森的Exact项目减少27万kg（60万lb）的废弃物。培训客户如何有效地利用标签空间也可有效减少垃圾填埋问题。一些加工商使用分切边料喷墨印刷标签产品。Channeled Resources集团以最低的成本收购分切边料，将材料储存起来，最后销售给其他客户。

Spear公司成功说服超过60%的薄膜标签客户采用厚度减少17%的材料，直接减少2268t（500万lb）PS材料的垃圾填埋，一旦剩余的客户也采用更薄的材料，还可以再减少680t（150万lb）废弃物的产生。而且，随着与艾利丹尼森进一步合作研发，Spear公司将推出厚度为25.4μm 和19μm的材料，据估计，这些材料每年可以减少300卡车的材料浪费。

加工商把镀金属纸标签的定量从62#降到54#，可以减少垃圾填埋907t（200万lb），每年可减少120卡车浪费。

5.1.3 无底纸标签

预计到2012年底，全球标签消费量将达到590亿m^2。

毫无疑问，不干胶标签行业一直在寻找最佳的解决方案，以实现标签废边和底纸废料的减量、回收再生和循环使用。

自20世纪80年代以来，业界一直在研究和尝试（例如Monoweb、DAS系统）不使用离型底纸的标签，这是压敏标签技术的进步，无底纸标签可即刻实现废弃物减半。

无底纸标签的优点包括：

①消除底纸浪费，提升可持续并降低成本；

②标签可实现双面印刷；

③标签的数量增加一倍；

④每个料卷标签数量的增加可降低运输和储存成本；

⑤减少料卷更换而产生的停机时间，减少换卷次数，提高生产速度；

⑥提高生产效率；

⑦通过离线模切提高印刷速度；

⑧透明材料可以采用里印，保护图文。

无底纸标签展示了节约成本和改善环境的能力，并且不会对生产效率或货架吸引力产生负面影响。总之，随后的成功案例有力地证明了无底纸压敏标签的应用正在不断上升。

市场上有许多公司可提供装饰和印刷的即贴型无底纸标签。基本来讲，无底纸标签是单层复卷的切割/打孔矩形标签（到目前为止可选形状仍有限），通过在印刷表面涂上硅离型层，在标签背面涂布热熔胶而制成。正面在连续复卷时起到离型释放的作用。

无底纸技术使每卷标签的数量增加一倍，从而减少了换卷次数，降低了运输成本，这也有助于降低在高速贴标过程中断纸的风险和传统标签加工相关的问题。当然，没有底纸的标签也不需要填埋、焚烧或回收系统。

虽然这项技术一直存在局限性，但2011年，一系列技术的进步将无底纸标签大规模地推广到北美和欧洲市场，其中一些成功案例如下：

Catchpoint是一家总部位于利兹附近的英国公司，公司推出无底纸标签系统，使用专利的“catch points”来分隔每个标签，通过微型打孔确定标签规格。Catchpoint公司已与欧洲和美国的印刷贴标生产商就若干许可协议进行了谈判，正如其网站（www.catchpointlabels.com）所述，AEW Delford，Herma和Label Aire公司已签约获得使用catchpoint技术的许可，生产矩形和特殊形状的标签，并在贴标设备上完成装饰标签和热敏打印标签贴标。

Catchpoint公司说，该系统确保热敏打印机实现完美的模切印刷定位精度，无须在贴标机上集成模切设备。该公司于2011年5月宣布重大技术突破。Catchpoint公司与WS Packaging公司和贴标设备合作伙伴ILTI公司密切合作，无底纸标签的贴标速度和准确度现在可以满足快速消费品市场的要求。这一令人兴奋的新工艺将有助于实现全球包装倡议的环境目标，同时又不影响其生产线的速度、准确性和效率。

WS—Packaging公司计划在美国市场推出全系列的ILTI自粘贴标机，并投入巨资提升生产能力，以支持采用Catchpoint标签。客户对提升可持续性的做法表示支持。

创新的无底纸贴标设备已经在ILTI公司开发的高速轮转贴标机上进行了测试，ILTI公司位于意大利Mantova，据说该公司拥有经验最丰富的压敏标签工程师团队，并以拥有一支高技能工程师、且具有创造性和快速响应的供应链而闻名。

这一成功得到了材料和黏合剂供应商精心策划的项目支持。Catchpoint及其合作伙伴认识到，需要特别重视高速贴标的问题，以证明他们的技术和专业能力。所以，Catchpoint标签在广泛的应用领域实现了成本节省和环境改善。事实上，具有创新意识的品牌经理可以利用这种变化来满足消费者对减少包装浪费的需求。

这一成功也证明了在一个复杂的供应链中密切合作可以带来巨大的环境效益。现在的自粘标签都是有底纸的，带底纸标签占整个标签市场的一半以上，这虽然为标签生产和加工提供方便，但也产生超过50%的材料浪费，行业的目标是减少这种浪费。

自粘标签行业在应对这些挑战方面不断推出新举措，并推出底纸收集和回收计划；但从战略上讲，Catchpoint技术将使底纸的生产能力转移到面材生产上。为了满足快速增长的全球品牌的需要，显而易见的重要结论是：减少和消除浪费。

这次与Catchpoint公司跨国合作成功推出高质量的无底纸贴标生产线，目前贴标速度已达到每分钟350瓶以上，而且这个速度还将进一步提高。

Ravenwood Packaging是冷冻食品包装专业公司，同时也负责Comac 500涂布机在英国的销售和分销。Comac 500是高效、专业的无底纸标签生产线，符合Nobac贴标机所需的规格。Comac设备可以代替分切复卷机，在标签正面涂布硅树脂，背面涂布黏合剂，就像一台用硅树脂做涂料的涂布机。

自2004年以来，该公司已售出约600台Nobac贴标机，其中包括第一台Nobac 500和第二代双头贴标机Nobac 500t。这些机器能够达到150瓶/min以上的标准顶部贴标和高达180瓶/min的圆瓶贴标，还可联线进行无底纸标签的分切和贴标。

Innovia Films提供了一种专门为这些机器开发的材料。Nobac 500贴标机是专门为零售商和包装商开发的。这是一种联线设备，可实现最大程度的灵活性。不需要转动包装容器，可以在五个方向完成贴标：顶部、顶部和侧面、顶部和两侧、C形贴标和全贴标。Nobac 400V完全专注于C形贴标，可以完成不规则形状包装的贴标。

使用RavenwoodPackaging公司设备的零售商令人印象深刻，包括Texco，Asda，Sainsbury和Marks & Spencer等公司，使用该系统用于肉类包装。

2011年，Hub Labels公司与Ravenwood Packaging公司达成长期合作协议，

宣布将为美国马里兰州一家当地的香肠制造商生产无底纸标签。Ravenwood表示，沃尔玛已经在欧洲使用无底纸标签技术用于包装肉类和披萨等食品。

同样在英国，Paragon Print & Packaging公司投资购买了一台涂布机，以确保无底纸标签产品的质量和性能。涂布机在无底纸标签正面涂布硅树脂，背面涂布纹理黏合剂，这是标签结构的关键部分。根据贴标要求不同，可使用Ravenwood Packaging 公司Nobac 125、Nobac 400V或Nobac 500贴标机完成无底纸标签贴标。

艾利丹尼森为纸箱和托盘贴标领域开发了一个创新的印刷和贴标解决方案，纸箱和托盘贴标不需要底纸。与其他无底纸产品不同，艾利丹尼森使用的是一种干胶，在贴标前才进行活化。该产品消除了底纸浪费，每卷材料可多生产60%以上的标签，这大大提升了生产效率和供应链效率。

位于Rhode Island的NuLabel公司于2009年在美国推出涂布活化黏合剂的无底纸标签技术。借助特殊的活化黏合剂配方和专有的贴标硬件，把Nulabel无底纸平台集成到现有的模切和堆叠标签系统。该产品的最初目标是不断增长的精酿饮料市场，特别是精酿啤酒，现在已经准备商业化。

其他无底纸标签创新者包括Pago、Advanced Dynamics、Irplast、Mectec Elektronik、RR Donnelley和Heartland Label Printers等公司。这些公司的活动简述如下。

2008年4月，Pago公司推出了Pagomat无底纸系统，该系统可实现自粘标签连续复卷并在贴标前出标时完成分切。无标签感标签允许采用里印方式，以保护图文表面不被擦伤，并赋予印刷图像高光泽效果。Pago公司表示，这款系统可以很容易地集成到所有Pagomat贴标系统中，如果需要的话，客户可以在同一个系统中将其与传统的自粘标签贴标结合起来。

位于英国布拉德福德的Advanced Dynamics公司推出了一款紧凑型的贴标设备，采用意大利Irplast公司开发的BOPP无底纸标签。该系统是针对食品和饮料包装行业，使用无溶剂黏合剂，标签和容器接触时称为“抓”，而不是“粘”。贴标设备有三种不同的规格，主要面向初级包装和二级包装。Advanced Dynamics公司称，客户可以根据需要调整和定制设备，几乎可以适应任何包装线以及不同形状的包装产品。

其他推出无底纸技术的公司还包括瑞典贴标系统制造商Mectec Elektronik公司，该公司推出针对无底纸贴标的TT 100印刷即贴型号，该机器配有压紧/压紧吹气出标装置和101mm（4in）热转印头。以直接打印箱子和产品的喷墨编码系统而闻名的Domino Printing Sciences公司推出了M500无底纸打印和贴标设备，该公司称已经开发出一种可回收的基材。

RR Donnelley公司多年来一直在生产无底纸标签，能够生产涂布各种黏合剂的可扩展信息的双层标签。ETI Converting公司的联线加工设备也可用于生产无底纸标签。Heartland Label Printers公司推出EcoTech系列产品，包括无底纸标签和不含BPA的热敏印刷标签。EcoTech的独特设计确保了标准的贴标速度，以及几乎适应所有贴标场合的附着力，包括工业贴标、自动贴标、手工贴标和配送中心物流标签。

5.2 生产效率的资本投资

5.2.1 印刷机、自动放卷和复卷系统

现代制造业提供了许多提高生产效率的设备。业界领先的原始设备制造商（OEM）推出具有较短走纸线路的机器，以解决生产过程产生废品的问题，并为实现更快的作业更换提供设备操作方便性，集成复杂的套印系统以尽快生产出合格的印刷品，配置双伺服电机确保张力控制的稳定性。

捷拉斯公司推出走纸线路最短的 RCS 340印刷机，将设备走纸总长度从约50m降低到12m，由此估计每年减少约10t的废弃物，每年节省57000美元（40000欧元）的成本。

印刷机停机时通常会产生一定量的废品。对于较旧的印刷机，从减速到加速至生产速度的过程中，套印不准的风险增加，相对新的伺服驱动印刷机

会产生更多的浪费。

材料浪费占比最大的是换卷导致的印刷机停机和启动，缩短停机时间可显著减少所产生的浪费。

有效的拼接是减少断纸的关键方法，应尽可能使用对接辊来实现高效的生产。自动对接接纸装置允许材料［通常182m+（600+英尺）］一直使用到最后。

Martin Automatic公司是自动放卷、拼接和复卷设备的全球专家，公司使用投资回报率（ROI）来分析自动换卷可节省的成本，结果很有说服力。

在该计算模型中，假设手动换卷产生的废料等于45m（150英尺）的印刷机走纸长度：

①每次停机45m的印刷长度=每次停机18.6m^2（200 平方英尺）

②因减速和加速而产生的废品=每次停机45m=18.6m^2

③材料总损耗=91m（300英尺）=每次停机37m^2（400平方英尺）

④每年4000卷材料=每年14.8万m^2（1600平方英尺）或每年24454kg（53913磅）

⑤总价值=每次停机20.85美元（37m^2 × 0.564/m^2）

⑥总价值=83400美元/年（4000卷/年 × 20.85美元）

这种两班倒生产模式，每年工作250天，浪费的材料为：173卷，或39t，或120000美元。

一直以来，自动换卷系统多用于宽幅印刷设备的长版印刷，以获得不错的投资回报。Martin Automatic公司推出了MBSC自动对接接纸机，与STR转塔复卷机配套，专门用于运行直径较小的料卷（800mm/31.5in）的窄幅印刷（幅宽330mm/13in），设计速度为130m/min（500feet/min）。

在沃尔玛的PMDC中心，标签采用Mark Andy 2200和Mark AndyLP3000印刷，两台都是幅宽330mm（13in）的6色印刷机，印刷机放卷单元都装有Martin Automatic公司的接纸机，末端都装有Martin Automatic复卷机。印刷产品经理Marty Vavra说："这些设备帮助我们减少浪费，缩短停机时间。这是一流的设备，不仅使我们的生产更加出色，员工士气也得到了提高，因为他们知道正在使用最好的设备。"

小订单一般印刷面积为6.5万～7.4万m^2（70万～80万平方英尺），大订单印刷面积达到14万～27.9万m^2（150万～300万平方英尺）。Vavra解释说："随着订单长度增加，我们没有太多的灵活性，这要靠团队的努力，以尽量减少停机时间。"对于年平均标签生产量1486万～1580万m^2（1.6亿～1.7亿平方英尺）的公司来说，使用Martin Automatic设备可以立即看到所节省的成本。

5.2.2 检测系统和套印系统

根据目前全球所有地区的回收率数据，我们可以认为有缺陷的标签将会直接送到填埋场。每个市场的质量标准都很高，因此，在标签加工行业，检验和检测系统的数量迅速增加，以提供零缺陷的标签，并减少不合格产品的生产。

领先的检测系统供应商估计，由于各种原因的缺陷（颜色匹配、刻痕、套印不良）导致多达15%的印刷品被丢弃。这些检测系统允许操作人员缩短准备时间并生产出高质量的产品。

一些较新的系统可实现纸张和薄膜材料的100%检测和在线颜色测量，具有较高的检测稳定性。系统可检测各种类型的印刷或加工故障——颜色套印不准、颜色变化、模糊、印刷错误、文本缺陷、斑点、溅墨、模切问题、条形码问题、标签丢失等。

最先进的检测系统已经开发出算法来满足标签的特定需求，如字符缺陷检测、模切不准和废边剥离问题。这些系统确保印刷机以更高的速度运行，同时大大提高生产效率和质量。

可以通过收集废品数据来追溯故障发生的原因。许多先进的套印控制系统在降低废品率上具有显著成效，即使在一台旧的非伺服驱动印刷机上安装这样的套印控制系统，也可以减少60%以上的废品。

5.3 固体废弃物的循环回收 / 再生利用

即使实现了自动化和精益生产计划，标签和包装生产中也难免会出现废品。这些废品在离开工厂时必须实现其价值，保持材料价值的理想方案是实行完全零填埋的闭环回收系统。

例如，理光公司在盈利和可持续经营方面有着悠久的历史。令人难以置信的是，自2001年以来，该公司在全球范围内实现零垃圾填埋。理光微电子公司是这家大型跨国公司的子公司，为全球标签行业提供大量的热转移材料。为了实现零垃圾填埋，理光鼓励和培训员工积极参与，奖励那些积极参与的员工。同时，该公司还将生产废品进行再生利用的重任交给了供应商。

理光建立了内部最佳实践和简单的回收系统，让员工参与其中。在供应商采购协议中，理光愿意帮助公司以最低损耗实现盈利产出，这些公司愿意回收废弃物和包装。理光实行了Refuse & Return制度，Refuse就是拒绝接受过度包装，与供应商合作，以更可持续的方式提供产品。Return就是理光寻求途径将原料包装箱退还给供应商，实现循环使用。

在全球范围内，有许多纸张和薄膜标签废弃物，如废边、切屑、试机废品、底纸等，可收集并重新制成所谓升级产品，或制成具有更多价值的物品。标签废弃物可以再加工成各种各样的纸制品，如鸡蛋纸箱、谷类食品盒、纸巾、纸芯和纸板、农产品，又如植物盆和种子盘、建筑材料、猫砂、地板、家具和燃料颗粒。

标签废料的价值有很多：

- 降低成本，具体取决于各地处置成本；
- 作为自然资源价值增加收入；
- 避免填埋；
- 减少甲烷排放（汞和硫）；
- 减少气体使用和相关的空气污染。

5.3.1 废边/边料的处理方法

模切废边和底纸是标签生产过程中特有的副产物。标签废边由带黏合剂或油墨层的纸或薄膜组成。底纸主要是硅树脂涂层纸或薄膜材料。工业中使用的一系列黏合剂和硅树脂的化学组成和物理特性对标签废料的再加工提出了特殊挑战。黏合剂可能会导致加工机械“粘起来”，需要停机进行大范围清洗。硅树脂可能会污染纸浆，限制产品的销售市场。目前处理裁切边料和模切废边的方法如图5-2所示。

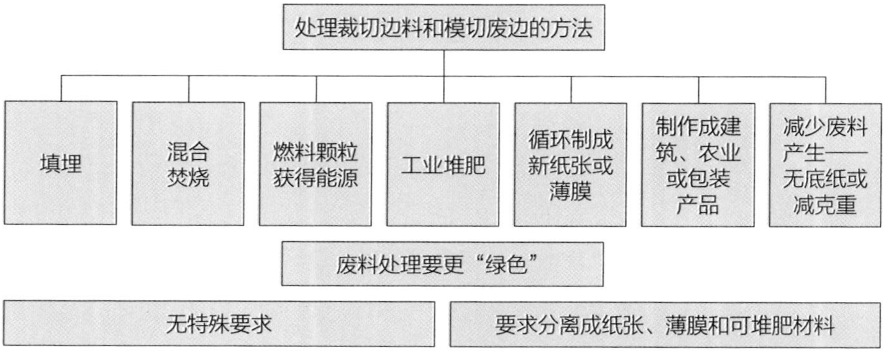

图5-2 目前处理裁切边料和模切废边的选择

固体废弃物回收的第一步是设计。标签设计师需要知道如何设计与产品销售区域的回收设施相兼容的标签，考虑配送距离、可接受的材料、市场上的价值和产量，并在标签结构中尽可能使用可循环黏合剂或可清洗黏合剂。

供应链必须更加紧密地合作，在成熟市场和发展中市场，通过必要的研究、专业的知识熟悉当地废弃物处理的方法和要求。为了减少全球标签行业对环境足迹产生的影响，供应链必须在这些问题上相互支持和通力合作，如图5-3所示。国际一流大学有许多优秀的标签和包装印刷研究项目正在开展。

举个例子，在回收过程中，将BOPP薄膜（通常作为面材）与PET（通常作为底纸）混合会降低塑料的透明度，使得其不适合制作新瓶。Spear公司与其材料供应商合作推出SpearPET技术（涂布专用黏合剂的BOPP薄膜，在回收过程中可从PET上分离下来），可将BOPP面材与废料分离，保证PET透明度在可接受的范围内。

Spear公司是第一家推出PS材料和黏合剂标签结构，并获得消费塑料回收协会大奖的标签加工商。如前所述，已经有快速生命周期评价软件用于包装设计。为了解决标签废料回收过程中黏合剂和硅树脂的特殊问题，标签行业也需要专门的解决方案。

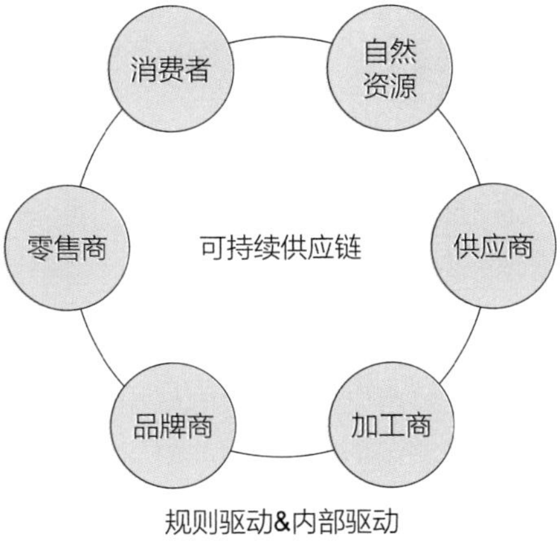

图5-3　回收和可持续性供应链需要通力合作

总的来说，为了促进高效的物流和提高回收速度，标签行业必须更好地了解当前每个标签废料回收系统的运营方式。标签加工商还必须改进环境审计和过程评估，以满足来自客户和欧盟立法的压力，如综合产品政策（IPP），该政策旨在通过审查产品生命周期的所有阶段并在最有效的阶段采取应对措施，将对环境的负面影响降至最低。

要在全球范围内提高标签行业的回收率，需要克服三大障碍：物流；回收量；回收位置。

Calvin Frost先生是TLMI环境委员会主席，Channeled Resources Group（CRG）首席执行官，他是四十年来标签行业可持续发展和循环回收领域的领导者。Calvin Frost先生说，目前还没有一个成本效益高、富有时效的基础设施来提升回收废料的意愿或能力，他是第一个认为标签行业正在努力做出改变的人。少量底纸的回收不具成本效益且低效。

回收商与标签和包装加工商密切合作，为回收产品鉴定，并选择合适的原材料。与回收商的合作让标签加工商觉得有机会达到甚至超过沃尔玛和宝洁可持续记分卡所设定的供应链要求。

加工商应积极为生产废料寻找实际的可代替填埋和焚烧的处理方法。已经参与回收计划的少数加工商正将85%～100%的废料重新发挥其价值。

5.3.2 复合材料

许多地区都成功实施了单个或多个回收计划，而且随着全球领先者承诺所有行业和所有类型的产品都要实现零垃圾填埋，会有更多的回收计划逐步开展起来。例如，英国的Skanem Liverpool公司将所有薄膜模切废料收集起来，由当地的回收商将这些废料分解后再加工成塑料，最终用于建筑和农业部门。在加州的葡萄酒之乡，Paragon Label公司将所有的生产废料送到当地的一家回收站，用于生产鸡蛋纸箱。

UPM蓝泰在2007年推出了RafCycle计划，以回收自粘标签生命周期中产生的废料，而不是将其送至垃圾填埋场。现在，供应商从欧洲工厂以及客户那里收集自粘标签的边料和碎边，用作生产UPM ProFi木塑复合材料的原材料。UPM汇川在芬兰拉赫蒂和德国斯图加特都有ProFi产品生产基地，这两个地方都位于靠近标签废料来源和主要客户群的战略位置。

ProFi复合材料结合了纤维素木纤维和塑料聚合物两者的特性，可用来制作平台木板。UPM—ProFi中回收纸和塑料的比例因产品用途而异，但这个比例基本都超过50%。唯一添加的新塑料是聚丙烯，其他的原料包括各种填料和色料。

蓝泰公司从客户和最终用户那里收集Proliner PP30底纸。PP易于回收利用，具有真正的商业价值，可进行交易。根据市场价格，UPM蓝泰将通过RafCycle回收的ProLiner PP30交付给供应商时，每吨废料可能支付250～350欧元的费用。每平方米的UPM ProFi平台木板含有10kg标签废料。RafCycle计划于2011年春季在北美推出。

废料进行填埋处理时，客户需要支付处理费用。UPM蓝泰RafCycle计划在回收底纸时客户反而可以得到额外回报。回收的PP底纸会被赋予新的生命——制成UPM ProFi产品，如户外甲板。

法国标签印刷商Aset Bidoit公司将UPM蓝泰ProLiner PP 30薄膜底纸的优势充分展现了出来，ProLiner PP 30有创新的外观效果，同时也体现了对环境的充分尊重。

总经理Eric Groshens表示：“很显然，我们需要做的是：不断创新并开发更好的解决方案，满足客户对生产效率的要求。”

对印刷商和包装商来说，使用更薄的标签材料除了可以提高生产效率之外，如每卷更多的标签、更少的换卷和更快的加工速度，相对涂硅格拉辛底纸，ProLiner PP 30是更环保的方案。

Aset Bidoit的市场经理Christelle Dubois说：“我们的客户需要为处理传统底纸支付费用，但现在采用ProLiner PP30底纸，就可以很好地利用它。我们相信ProLiner PP30能为客户带来价值。我们从去年开始向客户推荐这种材料。”

5.3.3 由废料到能源颗粒

从标签材料供应商或加工商回收自粘标签废料，加工成燃料颗粒，可作为煤炭的替代能源。大多数情况下，加工商只需要将不同的废料收集到一起，而不需要对不同材料进行分类。参与这种废料转化能源解决方案的加工商将成为生物质能源的原材料供应商。

使用标签废料制成的生物质燃料颗粒的好处包括：

①减少煤炭消耗；

②比煤炭燃烧得更洁净；

③比煤炭便宜。

在与加工商合作进行废料回收之前，需要对废料样品进行能量（纤维素）含量、纤维含量、不可燃成分和其他微量材料和矿物的测试。通常，废料在标签厂收集并压实，然后送到回收厂。回收商将废料加工成子弹大小的颗粒，这些颗粒可在发电厂现有的燃煤炉中使用。

燃料颗粒可代替煤或与煤混合使用。燃料颗粒的原料不仅有标签废边，而且还包含其他不可回收的废料，如涂布纸和复合纸、蜡纸板、纺织品、泡沫塑料、塑料、各种类型的包装材料、木制品和各种生产工艺环节产生的加工废料。

在美国，有少数回收商有能力并愿意接受标签废料，但他们的位置比较分散。这种形式的标签废料回收可以为制造业带来就业机会，为公用事业公司带来真正的利益，并能真正发挥废料的价值。如第4章所述，大多数可再生能源在电网内仅零星使用，作为传统能源的补充。依赖天气的可再生能源（太阳能、风能、水）并入电网，在可靠性方面面临很大挑战。

燃料颗粒可以提供“按需”的可再生能源发电。燃料颗粒在能量、储存和处理特性等方面与煤很接近，平均输送23258kJ/kg（10000Btu/lb），可以使用现有的燃煤基础设施，因此几乎不需要前期成本。燃料颗粒是公用事业公司可再生能源信用（REC）体系中一个有吸引力的原料，可以通过较低的成本达到许多国家和州规定的可再生能源标准（可再生能源组合标准、可再生能源义务、可再生电力标准）。

位于美国威斯康星Green Bay的Greenwood Fuels公司，于2009开始生产燃料颗粒，年产能约15万t，相当于316.5万kJ（3MBtu）。据估计，每年可减少垃圾填埋25万t，减少煤炭用量15万t。公司现在每月大约处理3000t的标签垃圾，并计划尽快将产能再提升3000t，如图5-4所示。

图5-4　由标签废料制成的生物质燃料颗粒

Channeled Resources集团（CRG）自20世纪70年代以来一直是行业领先的废料回收公司，并获得2010年全球绿色大奖。CRG公司按合同将所有废料供应给Greenwood Fuels公司。此外，CRG公司还协助加工商解决废料运送到Greenwood Fuel公司的物流问题。

目前，该解决方案仅适用于威斯康星州绿湾Greenwood Fuel公司周围483km（300英里）范围内的加工商，但公司计划在2012年将覆盖范围扩大到俄亥俄州辛辛那提，每月处理7000～10000t标签废料。CRG公司从威斯康星州阿尔戈马附近的WS Packaging总部收集所有垃圾，并与许多当地的加工商合作，如Spear、Steinhauser和Multi-Color Corporation公司，支持在当地建设垃圾转化能源的设施。

国际纸制品公司（IPP）位于马萨诸塞州，公司每年可减少30000t的标签垃圾填埋。由于美国东海岸的垃圾填埋成本很高，IPP报告说，公司可以为附近的加工商节省高达70%的垃圾处理成本。Dion标签印刷公司与IPP公司位于同一城镇，Dion公司把PS废弃物运到回收公司的费用是填埋费用的一半。

5.3.4 离型底纸

就压敏标签材料来看，目前PS离型底纸的全球消耗量约为140万t。据估计，北美和欧洲各生产约45万t纸基离型底纸。全球70%的离型底纸都是纸质材料，但全球底纸废弃物的回收比例不到8%，西方国家可能有10%。

据估计，薄膜底纸的回收和再利用率稍高，大约为25%，因为啤酒行业一两家大公司参与底纸回收计划，对回收率的贡献很大。毫无疑问，标签行业的回收率必须提高。

5.3.5 再生纸

虽然许多与底纸回收和二次制浆有关的技术问题已得到解决，但欧洲和北美的造纸厂一般不愿在生产中使用涂布硅树脂的废纸。亚洲和南美的造纸厂更愿意接受这些材料，然后加工成新的纸张，比如厕纸和低级纸巾，从而实现回收价值。

低成本、高效率地收集离型底纸的难度特别高，因为离型底纸是标签使用者在完成容器或包装贴标时产生的废料。谁负有最终责任？CRG公司的

Calvin Frost在过去的三十年里一直努力寻求底纸回收的解决方案，对这些问题了如指掌。

而对于压敏标签来说，离型底纸应该是离开工厂时最大的单一废料，这只是位于英国伯克郡的全球品牌商Sara Lee的情况。立法和尽可能减少环境足迹的整体努力促使品牌商承担包装废料处理的责任，他们正在等待标签和包装供应商开发替代方案。

Sara Lee每周为销往欧洲的1000万Radox洗发水瓶贴上前后标签，每卷标签长度250m，大约有8000枚标签。根据与英国CRG公司签订的定期回收格拉辛底纸的合同，Sara Lee公司在废料处理上可节省50%以上成本。从贴标机上取下纸芯，并放入两层紧密裹包的盒子。每个箱子的重量从过去的230kg增加到现在的460kg，总体包装效率达到80%。

这些装满底纸的箱子由Channeled Resources公司收集，然后通过公路运到英格兰西北部的默西塞德郡。以前，底纸都运往印度的造纸厂，回收造纸成低档纸产品。现在这些底纸废料送到奥地利的CRG合作伙伴Cycle4Green公司。

Cycle4Green（C4G）公司于2009年开始回收硅涂布纸和其他特种纸。C4G对废纸进行脱硅处理，然后将废纸送到奥地利Lenzing Papier造纸公司，用于生产新的底纸。在世界自然基金会的全球评价体系中，这几条产品线被评为优秀。

C4G公司离型底纸回收可以在终端用户收集，也可以通过本地回收运输物流转运，然后集中储存并运输到回收工厂。目前，Lenzing Papier公司的主要目标是与行业合作伙伴一起扩大回收来源，覆盖到标签材料生产商、加工商和最终用户。

Cycle4Green在启动回收计划时执行以下步骤：

①预评估检查；

②现场评估；

③启动援助和培训；

④跟进绩效改进；

⑤扩大规模以处理所有废料并确保可持续性改进。

许多欧洲标签加工商已经采用了C4G的回收服务，并正在向其客户推广，包括CCL标签Holzkirchen公司、Top label公司、德国Ulrich Etiketten公司、奥地利Ulrich Etiketten公司和英国的Zeus Media公司。

位于德国斯图加特附近的自粘标签材料公司Herma开始扩大其产品组合，特别是环保产品，包括使用再生纸的底纸和标签材料。同时，公司推出PEFC认证纸张，这是公司正在开发的一系列可持续产品的一部分。

公司去年开始与Cycle4Green公司合作，Cycle4Green公司主要从事涂硅离型底纸的回收。

巴西Cellulose Reciclada公司的纸张和纸板回收量仅占其用纸量的30%，直到最近才通过立法鼓励回收和再利用。2010年，巴西政府颁布了《固体废弃物国家政策》（*Politica Nacional de Residuos Solidos*或PNRS），要求生产商应承担固体废弃物的回收责任。

巴西定期进口废弃物，以平衡通货膨胀和稳定国内市场供应。1989年，巴西从美国进口35000t废纸，价值大约为350万美元。

自2004年Cellulose Reciclada公司收集、处理并将其第一批纸浆出售给当地一家造纸厂以来，离型底纸的回收率在巴西有所提高。Cellulose Reciclada公司回收纤维素纸浆如图5-5所示。从那时起，超过25家国内和国际品牌商大力支持底纸的回收，包括强生公司（圣何塞多斯坎波斯/SP）、联合利华（圣保罗/ SP e Recife/PE）、Natura公司（圣保罗）。

（a）　　（b）　　（c）

图5-5　Cellulose Reciclada公司回收纤维素纸浆

（a）标签客户发货码头的离型底纸纸卷　（b）底纸展开方便加工　（c）最终纤维素产品

造纸厂使用回收的纤维素纸浆，就像原生纸浆一样。巴西的回收纸浆比原生纸浆便宜。圣保罗技术研究所（IPT）于2007年通过回收纸浆制成的纸张质量的技术认可，并表示在圣保罗这样的城市，政府可以节省3000万美元的清洁成本，如果有市场的话，每年回收纸张可实现销售额1500万美元。

巴西标签协会ABIEA支持会员企业与Cellulose Reciclada公司合作，开展离型底纸的回收。

Dalton公司位于加利福尼亚州安纳海姆市。该公司收集并处理标签废边和边料，然后将其与其他纸产品混合，出口到回收废料的外国工厂。Dalton公司保证来自加工商的废料低于10%，并要求加工商将塑料废料与纸张分开。

Balcones资源公司位于得克萨斯州奥斯汀市，致力于将废料转化为能源的技术转移。该公司与许多生产商合作，制定一个集中的、综合的废料管理计划，避免各种非传统废料转移至填埋场。

5.3.6 PET 回收

无论是从经济上还是环境效益上来讲，底纸收集尽可能达到满载是非常必要的。在一个回收点收集的底纸越多，这个回收计划就越可行。

由于Spear集团北美客户群的特点，加工商能够方便回收大多数客户的底纸。60%的Spear客户使用PS标签，许多人更喜欢使用PET离型底纸以提高贴标效率，而且有相当比例的客户的订单量都比较大。订单越大，底纸用量就越多，就为减少填埋和节约成本提供了机会。

Spear集团实现这一目标的最有效的方法是将其客户与回收公司联系起来，这些回收公司可以收集废弃的离型底纸。Spear公司75%的客户参与了这项PET底纸回收计划，包括Anheuser-Busch 和Heineken公司，减少了3538t（780万lb）的底纸的垃圾填埋。

Spear集团寻求PET回收社区的帮助，作为另一种减少PS标签对环境影响的方式，特别为小型加工商提供一种选择。Spear集团与PET材料贸易商和加工商Faith集团紧密合作，Faith集团在新泽西、墨西哥和香港都有公司。此外，还与墨西哥最大的回收公司之一Avangard Innovative公司合作。两家公司都专门收集废旧塑料，包括任何类型的塑料，将其粉碎并制成纺织工业用的再生颗粒。

其他的加工商也认为回收商是处理小批量PET底纸不错的选择，尤其是与其他包装废料，如捆绑带、料卷芯和收缩包装混合在一起时。Spear收集和回收其他包装废料直接减少垃圾填埋6800t（1500万lb）。

经济效益加上为企业带来的其他价值，将推动更多品牌商参与到未来的发展中。然而，加工商报告说，说服客户变得更加困难。

5.3.7 从摇篮到摇篮底纸回收利用

2011年春季，三菱聚酯薄膜公司（Mitsubishi PET Films）的PET二次加工底纸材料进入市场。目前，该公司正在从美国三家最大的啤酒贴标工厂收集底纸。最初，三菱公司用回收材料替换其5%的原生底纸材料，公司希望在18个月内将回收材料含量提高到25%。

该项目成功推进的关键是建立持续的离型底纸废料供应，以确保客户能够可靠地订购再加工底纸。二次加工的底纸与新材料具有相同的贴标速度和质量，并且以相同的价格销售。三菱将收集其他供应商的底纸，但将废料送到其他回收系统。

5.3.8 其他固体废弃物

标签和包装印刷制造业产生许多其他类型的废弃物，如印版、胶片、油墨及其容器，以及危险废弃物，如溶剂、橡皮布清洗剂、油和油脂、墨斗溶液、感光化学品、酸和凹印腐蚀液以及受这些材料污染的抹布。

杜邦公司一直在北美各地试验回收各地区客户的版材。从客户的公司回收旧版材，包括竞争对手品牌的版材，同时还回收版材纸箱以供再次使用。

尽管如此，由于数量、物流和成本的原因，很难为每一位客户提供理想的服务。杜邦正在努力在其分销伙伴的工厂内建立回收中心，回收数量正逐步增加，并覆盖到更多的加工商。其他版材供应商正在制订可行的计划，因为所有级别的加工商对材料回收及合理利用都表示了极大的支持。

富林特集团柔印产品事业部推出了一项计划，为美国的柔印客户提供印版废料回收服务。

富林特会为加入回收计划的客户提供标准规格瓦楞纸箱。当印版废料堆积起来时，包括未曝光印版、保护膜和废弃印版，无论是否贴上安装胶带，都会被放在这些纸箱中。当纸箱装满后，客户拨打免费电话，纸箱由获得认证的废料回收服务商取走并更换新纸箱。废料转运到垃圾处理公司，这些废料将被生产成水泥。这个过程可实现100%的废料回收利用，甚至焚烧后的灰分也成为水泥产品的一部分。

富林特集团柔印产品营销经理Terri Stewart说，这项服务的真正好处在于，客户知道这些废弃物得到负责任的处理，心里得到了安宁，同时也实现了一个更具生态效益的流程。

许多加工商正在减少油墨使用量以及小容器的数量，购买55加仑的大桶油墨可以更方便供应商进行容器回收和重复使用。对于传统印刷，这是一个可行的解决方案，既减少浪费，又通过大体积容器降低成本。数码印刷以及墨盒和打印头则是一种全新的技术，随着技术的不断发展，需要利益相关者给予更多的关注。

危险废弃物不能进行填埋。因为处理不当，危险废弃物将损害周围的生态系统。材料的可持续处理是生产商的责任，生产商必须确保将危险废弃物运至获得认证的、可处理此类废弃物的公司。重要的是要保持准确记录，以验证处理是否得当。

向供应商咨询新产品的应用，尽量减少溶剂的使用，通过蒸馏或过滤回收溶剂，从橡皮布清洗溶剂中分离固体，混合油墨和清洁墨辊的溶剂可重复使用，并限制抹布的使用量。在这个过程中，每种颜色的油墨都尽量使用相同的溶剂，这样就可以重复使用溶剂来清洗墨斗。

抹布应尽可能长时间使用，可以使用旧布料，而不是新布料。操作人员应接受培训，在第一次清洗时使用脏抹布，第二次清洗时使用干净抹布。

标签加工商可以把新旧油墨重新混合搅拌，旧油墨较多时可以送回供应商。采用可拆卸墨斗以减少墨斗中残留的油墨，采用标准的油墨印刷色序，并且仅当色组变动时，或两次作业更换之间油墨变干时，才对墨斗进行清洗。

Skanem Liverpool公司最近完成了一个环境项目，重点是处理生产过程中产生的废弃物。公司安装了新的回收系统，所有油墨、光油和化学品的容器都可实现回收和重复利用，回收范围包括公司内部以及合作伙伴。

有些城市下水道可以排放无酒精墨斗溶液，但大多数地区的胶印墨斗溶液必须作为危险废弃物处理。油和油脂通常可以回收再生，应通过获得认证的废弃物回收商收集。

生产工厂避免使用感光化学品的最简单方法是采用全数字制版流程。如果加工商使用溶剂制版系统，可以使用银回收系统。不同地方政府有不同的要求，所以要了解每个工厂所在地区的详细情况。黏合剂和光油可能是高度易燃的，必须由经过认证的废弃物回收公司收集。避免使用酸性腐蚀液（凹版滚筒生产）的最佳方法是升级到激光雕刻系统。

5.3.9 总体回收

标签加工厂的办公区和生产区都需要建立废弃物管理系统。除了标签废弃物，标签公司还会产生非标签类废弃物，如木托盘、纸板以及日常办公废弃物，如纸张、墨盒、计算机和厨房用品，又如铝罐和塑料瓶。如今，这些产品大多数可以回收利用，在全国范围和地方都有许多优秀的回收方案和倡议可供加工商选择。

5.4 近期可持续材料发展

5.4.1 艾利丹尼森和雨林联盟（Rainforest Alliance）

主要的材料供应商已经郑重承诺，在标签结构中使用可持续来源纸张。在2013年欧洲标签展上，艾利丹尼森首席执行官Dean Scarborough公开承诺，向加工商提供经可持续认证的纸基标签材料，成本与非认证材料基本相同。

在雨林联盟的指导下，艾利丹尼森公司表示，正在积极努力避免使用有争议的纤维原料，增加认证和回收来源，并改善供应链中的环境绩效。

这项政策倡议获得艾利丹尼森基金会向雨林联盟提供的20万美元支持，以促进林业管理方面的最佳实践，创造就业机会和增加获得可持续管理森林产品的机会。

第一个联合项目在洪都拉斯进行，雨林联盟正在帮助减少森林毁坏，为农民和森林管理者提供可持续的替代方案。在洪都拉斯，不可持续的土地使用造成Río Plátano生物保护区的大量破坏，该保护区是洪都拉斯最大的自然森林保护区，面积超过8093km^2（200万英亩）。

5.4.2 艾利丹尼森 CleanFlake

PET容器回收利用的一个重大进展是艾利丹尼森推出的Clean Flake产品，该产品已经赢得了一系列可持续发展奖，包括全球标签奖提名。全球标签奖每年由专业的评审团来评选，并在标签展上颁发。

CleanFlake是一项正在申请专利的黏合剂技术，当回收容器浸入回收槽时，标签就可以与PET薄片完全洁净分离。标签使用CleanFlake黏合剂牢固地贴在PET瓶或容器上，通过传统的回收设施，标签很容易和容器分离，并漂浮在回收槽表面，使干净的PET薄片沉到底部，以便于回收。

艾利丹尼森的Greenprint生命周期分析显示，如果将3225.8万m^2（500亿in^2）的普通压敏标签改为CleanFlake黏合剂，固体废弃物可减少75%。这相当于53000多吨垃圾，相当于20000多个美国家庭产生的垃圾。

PET瓶采用直接印刷、纸质标签和普通压敏标签往往会降低回收效率和回收PET的质量。2010年，美国收集了68万t（15亿lb）的PET瓶，但回收商报告称，由于标签、黏合剂和其他成分的污染，回收损失为24.4%~32.2%，总计损失了1.8万t（4000多万lb）的瓶子。

5.4.3 BPIF 和 Prismm Environmental

2014年1月，英国BPIF（英国印刷工业联合会）标签协会和Prismm Environmental公司签署了10家公司的废料回收合同，减少大约6500t的垃圾填埋。该项目主要收集小规模标签公司的废料，然后将废料转化为生物质燃料。与Mid UK回收公司合作的“零废料”项目在南约克郡成功试点，此后在英国各地推广。目前，由于物流方面的复杂性，该项目只对能收集15t废料的公司开放。

到目前为止，节省的废料相当于不干胶标签行业产生废料的3%，不过组织者承认，仍有工作要做，目标是在2014年覆盖所有大中型英国加工商，目的是进一步提升废料的回收。

总部位于Bradford的The Label Makers公司已经实施了内部流程，作为该计划的一部分，以三周为一周期，进行垃圾的收集和转运。公司现在每年减少240t垃圾填埋。

5.4.4 EcoVillage

随着EcoVillage理念的进一步发展，美洲标签展正日益成为可持续解决方案展示的平台。在2012年为期三天的展会上，首次实行将多家印刷商在展会现场演示产生的模切废料收集起来的措施。

在Greenwood Fuels和Channeled Resources公司的支持下，每隔几个小时收集一次模切废料。展览结束后，这些废料由Greenwood Fuels公司压实并收集起来，制成燃料颗粒。Greenwood的燃料颗粒可直接替代煤炭，但碳排放量和总排放足迹都较低。此外，还有两家标签加工商向Greenwood公司提供模切废料，包括Heartland Label公司 和 The Outlook Group公司。

5.4.5 FINAT 循环回收奖

在2014年的年度大会上，FINAT首次推出循环回收奖。

加工商类别大奖的获奖者是Hagmaier Etiketten & Druck公司，该公司打动评委的获奖原因是其在纸质和薄膜离型底纸方面的高回收率。在回收方面，该公司在企业内外均做了大量的工作，这些解决方案还应用在了其他辅助材料上。该公司不仅回收自己公司产品的辅助材料，而且还帮助其他企业进行回收。

终端用户类别大奖由联合利华获得，联合利华凭借其在实现废弃物零填埋政策方面有目共睹的表现，最终脱颖而出。这些成绩不仅清楚地呈现在该公司的网站和可持续发展报告中，而且反映在联合利华离型底纸回收再利用的历史记录中，及其为离型底纸回收再利用设计的图案上。

5.4.6 Ritrama 和 Core 无底纸解决方案

无底纸标签重要的进步是Ritrama公司与领先的合作伙伴共同开发的Core Linerless无底纸解决方案。

Core Linerless无底纸解决方案面向家庭、个人护理和饮料行业的大量全球终端用户。对于标签加工商来说，工作流程保持不变，只需以全速印刷复合基材，无须模切。卷材在Prati公司专门设计的设备上加工成单层无底纸标签。由Ilti公司制造的无底纸贴标装置可以在压敏标签和无底纸标签模块之间轻松切换：一个手推车式的即插即用装置可以在一分钟内完成更换。

在迄今为止的试验中，生产线的速度已经达到了450瓶/min，Ilti公司声称这个速度应该还可以提高一倍，且同一容器上可以贴多个类型的标签。

5.4.7 Smart Planet Technologies

Smart Planet Technologies公司取得重大的技术突破，即使用传统的挤出涂布设备生产矿化树脂，以取代常用的提升阻隔性能的塑料涂层。

涂布塑料涂层的纸包装不能用标准回收设备回收，尽管包装材料有广泛的基础回收设施，但回收商通常拒绝接受有塑料涂层的纸箱和杯子，这些材料被大量转移到垃圾填埋场。塑料涂层给许多回收厂带来加工问题。

由于这个原因，俄勒冈州波特兰市和明尼苏达州明尼阿波利斯市的市政回收计划不接受塑料涂层纸板。

许多塑料涂层纸板是高价值的均一漂白纸板（SBS），但由于塑料涂层的影响，回收商都拒绝接受，因为如果不采取额外的化学和机械处理，这种带涂层的纸板会堵塞回收系统。

Smart Planet Technologies公司已经开发出矿化塑料涂层的方法，这样涂布阻隔涂层的纸板就可以通过标准的行业回收测试。佐治亚理工大学纸张科学技术研究所（IPST）已经完成了第三方测试，证明这种纸板的高产量、良好的加工性能和二次制浆性能。

EarthCoating具备关键的优势，包括提升阻隔性和热密封性能，节约潜在的成本和减少环境足迹。各包装供应链相关方已经在多个应用场合完成EarthCoating测试，包括冷热饮料杯、沙拉和可加热食品托盘、冷冻食品盒、冷冻葡萄酒标签和冰淇淋包装。

5.4.8 UPM 蓝泰公司

作为主要的纸浆供应商，UPM蓝泰在可持续性方面已经取得了重大进展，UPM Biofuels公司在2014年获得欧盟颁发的可持续能源奖，表彰其在利用纸浆生产残渣粗妥尔油作为生产先进生物燃料的原料，以减少温室气体排放的创新技术。UPM BioVerno是一款高品质生物柴油，适用于所有柴油发动机，无须更换车辆即可使用。

蓝泰公司还加强与波兰和芬兰世界野生动物基金会的合作，分享在减少河流污染和增加生物多样性方面的经验。

5.5 制定固体废弃物管理的环境政策

固体废弃物管理是环境和可持续发展的关键领域之一，标签加工商很容易参与到这个改变当中。减少搬运损坏产生的废料、试机产生的废品、边缘修整和排废产生的废料以及底纸废料，都将为加工商和客户带来效益。

本章列出了一系列可能的解决方案和案例研究，供应商、加工商、最终用户和废弃物处理公司都在为标签行业的可持续性做出贡献。减少固体废弃物，并最终消除废弃物填埋将成为标签行业追求的目标。一些加工商朝着这个目标在努力，书中已经记录了一些例子。其他行业参与者还有很长的路要走。

今天面临的挑战是，有关标签和包装循环回收以及废弃物填埋的立法进展比很多加工商想象的更快。落后不是一个好的选择，这些问题不是未来才出现的，现在就发生在我们身边，加工商现在就需要做出反应。

为了帮助标签加工商制定固体废弃物管理环境政策声明，本“操作指南”起草了一份指导性政策声明，可按照公司自身运营和环境要求采用或修改。

固体废弃物管理环境政策

总则

我们对所有生产和操作过程进行定期审查，以确定固体废弃物产生的原因和性质，并采取适当措施减少、回收、重复使用或对废弃物进行安全的处置。

采取的具体措施：

①定期审核固体废弃物的数量/价值，并采取措施实现持续减少；

②与回收公司合作，将大部分固体废弃物进行回收和/或再加工（视情况而定）；

③目标是最终实现所有固体废弃物的零填埋；

④与客户合作，研究新的标签解决方案，将其对环境的影响降至最低，并实现较高的生命周期价值；

⑤推出精益生产计划，以减少浪费，提高生产效率；

⑥推出员工教育和培训计划，以鼓励更环保的工作方式并减少浪费；

⑦视情况与客户一起使用最新的技术，如更薄的薄膜、可清洗薄膜、生物降解薄膜、含回收成分薄膜或可回收薄膜；

⑧定期审查资本投资计划，以采购最高效的印刷、检测和搬运设备；

⑨不断研究固体废弃物减量、回收再生或循环回收的解决方案和机会；

⑩鼓励供应商寻找合适的合作方式，回收原始包装，以便重复使用或循环回收。

第6章

可持续性能设计

什么是可持续？

生命周期管理

可持续性设计

资源的种类

包装设计

碳足迹是什么

闭环式底纸回收再生

根据Cohn和Wolfe于2011年所做的“绿色品牌调查”，全球消费者对产品包装方面更加关注，在可持续性方面消费者知道更多且要求更高。调查发现，澳大利亚、法国、中国、美国和印度的消费者比以往更关注包装再生利用和循环回收性能，而且他们在做出购买决定时，更加重视所感兴趣产品整个生命周期的影响，包括其内包装和外包装，如标签。

现代消费者对碳足迹都有基本的了解，并愿意在日常购买决策时考虑碳足迹的影响。联合国环境署最近发布的“全球可持续生活方式调查”（GSSL）征求了20个国家18～35岁的年轻人的答案，结果表明，年轻一代愿意做出必要的生活方式改变，使地球发展更具有可持续性。

对这些年轻人来说，负责任的生活意味着基于必要性的消费，减少汽车的使用，并采用公共交通工具进行日常旅行。他们认识到需要使用更少的水和能源；购买当地产品，他们愿意为改善环境对材料进行回收利用和堆肥，强调减少各种形式的浪费。

接受“绿色品牌调查”的71%英国消费者认为，政府应该强制要求企业回收产品包装。德国和其他欧洲国家已经制定了严格的回收政策，许多其他国家正在通过监管推动材料的回收和再利用。巴西政府于2010年8月颁布的固体废弃物国家政策（PNRS）已成为当地标签行业需要面临的挑战。PNRS将收集和再利用废弃物的责任推给了生产公司，并试图通过“逆向物流”系统取得成功。

加拿大政府2010年增加了一项管理税，要求大型食品零售商为销售不可回收的包装缴税。关注焦点迅速转移到PET蛤壳包装使用的压敏标签黏合剂上。这促使消费后塑料回收商协会（APR）在2011年2月迅速推出可循环回收压敏黏合剂，这种黏合剂在回收时不会污染塑料，检测方法类似于APR对PET瓶的测试方法。

全球各地区的压敏材料消费量大不相同，西方国家的消费量最高，达到人均14~18m²，发展中国家的人均消费量只有0.9~3m²。到2050年，地球人口预计将增加20多亿。与此同时，中产阶级人数预计将继续增加，从而推动全球对消费品需求的持续上升。显然，变革是不可避免的。

变革的关键驱动力是设计和创新。品牌商和快消品公司对产品生命周期的总碳排放量承担越来越大的责任，因此，他们正在采取措施，首先解决生命周期内可以改善的废弃物和污染问题。对标签行业来说，迫在眉睫的事情是设计的标签和包装必须可以很简单地进行再加工和重复使用，从而减少碳足迹。图6-1总结了标签设计的一些关键阶段。

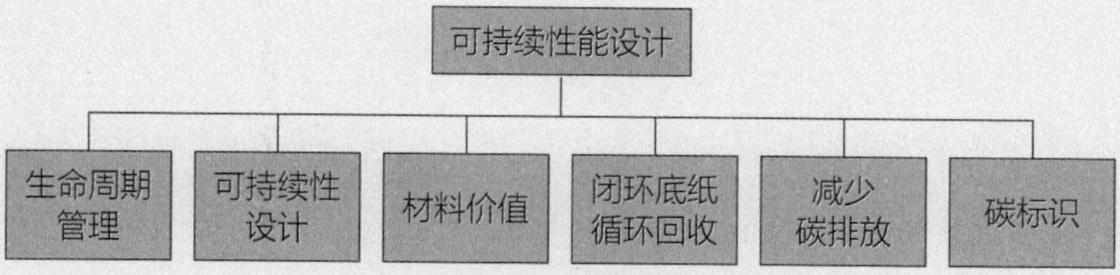

图6-1　可持续性能设计阶段

目前的市场现状以及一次性使用的产品和包装设计，导致污染是不可避免的。从摇篮到摇篮或闭环设计对未来至关重要。生命周期评估和管理需要成为一种更为普遍的管理工具；材料的环境影响和再生价值需要进行更好的评估；了解、跟踪、管理和减少温室气体排放的措施需要变得更加容易执行且更完善。标签行业在提高生命周期管理技能和能力方面还有很多工作要做。

了解各种现有材料的生命周期性能、生产标签和包装时使用的工艺，以及作为一个整体的标签结构对环境的影响，这些对于行业的创新至关重要。所以，设计师必须依靠行业科学家、工程师和其他支持创新的人为他们提供真实的、经过测试的数据，以便他们能够在包装生命周期关键的第一步做出明智的决定。可以参考的可靠资源为Earth911.com。

相关公司需要知晓和理解当地的回收和再生系统、可回收的材料、包装及其标签在产品流通区域重新产生价值的可能性。这一切都是为了给消费者提供更可持续的选择，且确保与之前设计的产品在质量和价格上是基本相同的。

包装上的碳标签计划正在逐步推广，这样品牌商就可以清楚地在包装上传达产品的整体碳足迹，使消费者能够在购买时做出更可持续的决策。研究表明，对于排放到大气中的有害物质，购买者拥有最大的减排能力，品牌及其价值链上的供应商必须能够提供低碳产品。

6.1 生命周期管理

生命周期评估背后的方法涉及环境和广大消费者的生活方式。包装和标签市场所使用的最新的、更可持续的材料要确保将产品安全推向市场，我们将继续有效和科学地评估其对地球的影响、回收价值，以及在确保消费者满意和安全的同时减少产品浪费的能力。

生命周期管理超越传统对生产场所和制造过程的关注，将产品从摇篮到坟墓的整个生命周期对环境、社会和经济的影响包括在内。

在日益全球化的经济中，决策者面临的挑战是精简行动，确保对资源进行更可持续的管理，包括可再生和不可再生资源。需要对资源管理采取整体策略，以便以系统的方式更好地确认两者之间的联系和差别。

美国环保署表示，进行生命周期评价有四个基本阶段：目标和范围定义、清单分析、影响评估和改进分析。生命周期评价研究的主要阶段包括原材料获取、材料制造、生产、使用/重复使用/维护和废弃物管理，如图6-2所示。

美国环保署将生命周期评价定义为一种技术，通过以下方式评估与产品、过程或服务相关的环境因素和潜在影响：

①编制相关的能源和材料投入及环境排放清单；

②评估资源投入与排放相关的潜在环境影响；

③解释结果，帮助决策者做出更明智的决策。

联合国环境规划署（UNEP）致力于提升发达国家和发展中国家的资源效率，鼓励可持续消费与生产。UNEP帮助公共和个人决策者制定政策并为此采取行动。生命周期设计将人、地球和利润考虑在内，如图6-3所示。

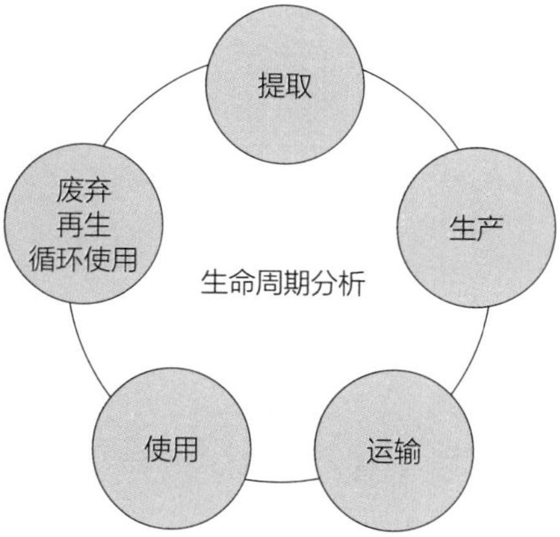

图6-2　从资源开采到废弃/回收的传统生命周期图

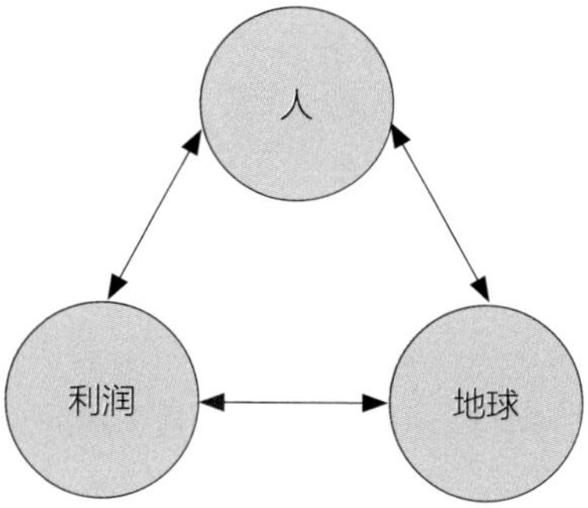

图6-3　生命周期设计将人、地球和利润考虑在内

6.1.1 UNEP 生命周期倡议

UNEP生命周期倡议的主要任务是在全世界实施以科学为基础的生命周期评价方法。

生命周期倡议（致力于更可持续的世界的生命周期伙伴关系）是由UNEP

和环境毒理学和化学学会（SETAC）共同制定的方案，以促进生命周期思维在全球经济中的应用。该倡议响应了世界各国政府在《马尔默宣言》(2000年）中确立的生命周期经济的主张。

UNEP生命周期倡议旨在：

①协调现有和新兴的生命周期评价方法；

②鼓励企业、政府和公众在涉及自然资源、材料和产品的决策采用生命周期思维，促进全世界使用生命周期评价方法；

③在全球范围内扩大和改进生命周期方法的实施。

为了确立生命周期评价的最佳实践，UNEP着重介绍了一些工具：

①便于同行访问的生命周期清单数据库的信息系统；

②推荐生命周期影响评估方法、模型和因素；

③简化工具和实际应用手册。

6.1.2 欧洲生命周期评价

欧洲委员会资助发布了一份报告，该报告显示，对包装废弃物的生命周期评价研究“不太可能在可重复使用和不可重复使用的包装之间确定一个通用的、区域性的甚至是国家级的评价体系”。报告同意有必要采取具体问题具体分析的办法，并且“从更高的环境保护角度来看，某区域的具体条件在很大程度上决定哪种选择（重复使用、循环使用或回收再生）更可取”。欧洲LCA在可持续产品和包装中的应用如图6-4所示。

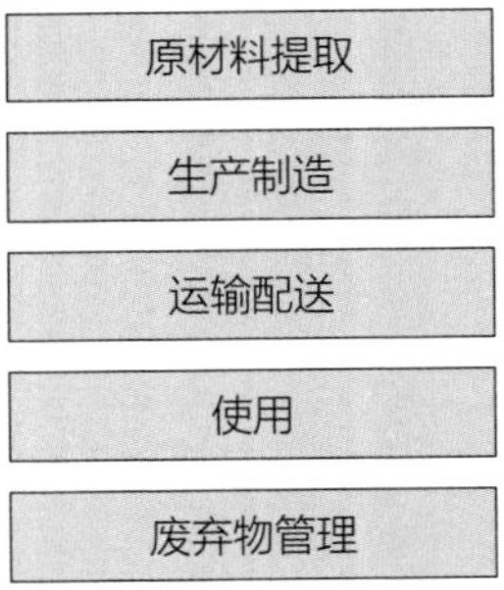

图6-4　欧洲LCA在可持续产品和包装中的应用

欧洲国家强调，“LCA的好处是提供一种灵活动态的方案，充分考虑本地条件，而不是硬性的规定”。整体目标必须是在产品整个生命周期中使资源利用效率最大化。报告还指出，生命周期评价数据显示，在某些情况下，包装材料的重复使用和循环使用实际上比废弃物处理对环境的影响更大。由于这个原因，生命周期分析法是接受还是拒绝特定的包装材料，以及回收还是重复使用某些材料的重要手段。

尽管如此，欧洲国家认为，标签行业应该共同努力，减少产品运输配送中使用的包装数量。生命周期评价并不是所有与包装有关的环境问题的解决办法，而是在选择材料制作包装时，将生命周期评价作为一种决策工具，以优化其整个生命周期。

6.2 可持续性设计

可持续性设计（D4S）或可持续产品设计是全球公认的提高利润率、产品质量、市场机会、环境绩效和社会效益的方法。标签加工商可以通过优化设计，提高产品和服务的效率，在现代商业世界中取得成功。

D4S不仅仅是生产“绿色”标签或包装，更可以通过在社会、经济和环境方面的影响，为产品和包装带来价值。应将生命周期分析和供应链管理视为评价产品生命周期中的物流、材料回收、潜在价值和环境影响的工具。D4S帮助设计师确定可以提升的领域，并带来创新机会。

标签和包装印刷行业的污染防治包括标签和包装设计、运输物流、材料收集和重复使用。

考虑可持续性的标签和包装创新有助于开发出高价值的产品。要实现可持续发展，产品创新必须满足社会期望，并在全球价值链上创造公平的价值分配，创新必须在当地基础设施和生态系统的能力范围内发挥作用。环境和社会标准必须整合到产品开发中，在产品生命周期的每个阶段将产品的影响降到最低。这需要跨学科的行业合作，例如在行业领先的贸易组织中成立的工作委员会，如TLMI和FINAT，合作还必须跨越国界。

自2011年以来，加拿大对内包装的标签结构的评估取得巨大进展。加拿大政府最近强制对Safeway、Metro和Walmart等主要零售商征收管理税，因为零售商使用了现有基础设施内无法回收的塑料容器。许多PET热成型容器是不可回收的，因为压敏标签污染PET薄片，妨碍回收处理。

这也引起行业对压敏标签黏合剂的关注，加拿大零售理事会（RCC）成员呼吁在APR（消费后塑料回收商协会）与NAPCOR（国家PET容器资源协会）协调下，制定标签黏合剂可回收性的测试方案。APR和NAPCOR都要求PET热塑性容器压敏标签的生产商参与PET热成型项目，共同测试粘合剂和容器的可回收性。更多信息请访问：www.plasticsrecycling.org/pet-thermoforms。

6.3 包装设计 / 生命周期评估软件

有许多软件工具可以帮助设计更可持续的包装。专业的报告、设计和原型软件可以培训和指导设计师创建低碳足迹包装，与已有的和正在建立的材料回收基础设施有效地衔接。

包装软件中包含专业的生命周期评价（LCA）的主要优势在于，可以在几分钟内提供环境分析，比进行全面生命周期评价所需的时间短得多。通过软件帮助标签加工商实现零售商和品牌商的零废弃目标。

6.3.1 SPC 设计指导资源

SPC为包装设计师和开发人员发布了一个设计指导资源，这为可持续包装设计提供一个框架，同时涵盖各种设计策略和参考材料。

完整的资源包括：

①提供有关包装可持续性要素的教育；

②包括超出简单法规遵从性的问题；

③说明可持续性和环境因素如何成为包装设计过程的一部分；

④概述可持续性和SPC对可持续包装的定义。

本资源包含的各种设计策略：

①可持续性设计；

②运输设计；

③环境最佳实践设计；

④公平劳动和贸易设计；

⑤可再生原材料设计；

⑥重复使用设计；

⑦循环回收设计；

⑧堆肥设计。

6.3.2 COMPASS 软件

COMPASS（Comparative Packaging Assessment）是一个基于Web的工具，品牌所有者、包装和标签设计师以及工程师可根据生命周期评估指标和设计属性比较包装产品的环境性能。

可持续包装联盟在美国环保署的支持下，以及包装行业和生命周期评估专家的努力下开发了Compass软件。

Compass于2009年推出并于2010年更新。Compass软件的功能包括包装配送相关的运输包装建模、设计集合包装，以及一次性包装和可重复灌装包装的评估。SPC公司Compass生命周期包装设计软件界面如图6-5所示。

宝洁和强生公司都是Compass软件的首批客户，目前采用Compass软件的公司有80多家。密歇根州立大学和罗切斯特理工学院在包装课程中也使用Compass软件。

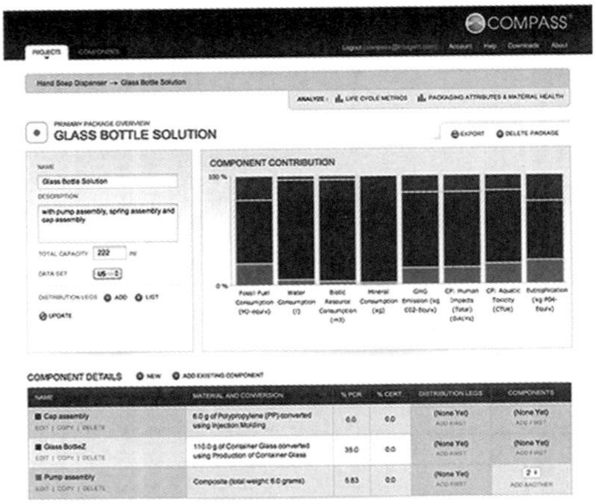

图6-5　SPC公司Compass生命周期包装设计软件

Compass软件允许快速评估产品的总体环境足迹，提供资源消耗、排放和属性等方面的详细信息，如材料性能、回收成分或原生材料、采购和固体废弃物。

Compass包含有关原材料采购或提取、包装材料制造、加工、配送和寿命终止阶段的生命周期影响评估（LCIA）数据，还包括制造和寿命终止阶段的平均运输和电力成本。

①消耗指标：化石燃料、水、生物原料、矿物原料；

②排放指标：温室气体、清洁生产–人类影响和水毒性，富营养化；

③包装属性：成分（回收或原生）、来源、固体废弃物。

Compass软件中的生命周期指标是基于利益相关者方法开发的，采用SPC可持续包装定义和ISO14044标准来指导过程。该软件与EskoArtwork公司合作开发，使用生产加权的行业平均数据。

Compass中使用的消耗和排放指标是基于行业平均生命周期数据计算的。美国生命周期清单（LCI）数据库和瑞士LCI数据库ecoinvent是Compass软件LCI数据的主要来源。在某些情况下，如果美国数据不适用，则使用来自ecoinvent的欧洲数据。对于临时使用欧洲数据的模块，也加入来自美国和加拿大市场的相应的电网数据。该项目目前拥有欧洲、加拿大和美国的数据库。

Compass软件暂时只包含内包装数据。然而，GreenBlue表示，正在制定重要的外包装材料清单，如压敏标签，以纳入未来的设计项目中。

图6-6所示为当前Compass数据库中的材料列表。

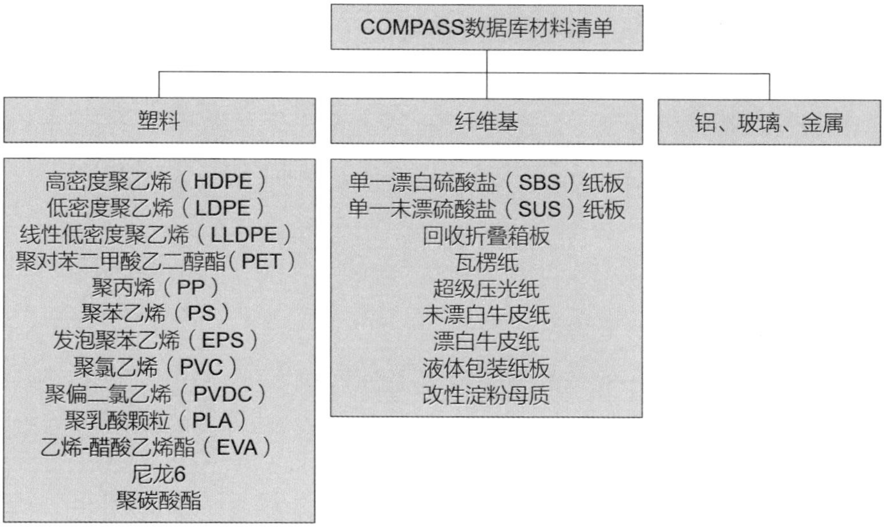

图6-6　Compass数据库中当前的材料列表

Compass中提供的加工工艺包括：

①吹塑；

②挤出，塑料薄膜；

③泡沫、发泡；

④注塑成型；

⑤拉伸吹塑；

⑥热成型，压光；

⑦纸袋生产；

⑧纸箱生产；

⑨瓦楞纸箱生产；

⑩模切；

⑪薄板轧制；

⑫钢罐生产。

6.3.3 包装影响快速评价工具（PIQET）

PIQET（Packaging Impact Quick Evaluation Tool，包装影响快速评价工具）是一个基于Web的产品包装生命周期分析工具，由位于澳大利亚悉尼的可持续包装联盟（SPA）开发，旨在帮助包装设计师和制造商在关键的设计阶段能够确认、审查和减少包装对环境的影响。PIQET标识如图6-7所示。

图6-7　PIQET生命周期包装设计软件

PIQET行业咨询委员会（IAC）成立于2004年11月，成员包括提供赞助的食品品牌商、Sustainability Victoria公司和澳大利亚国家包装公约（NPC）的代表。委员会定期开会向研究小组提供反馈意见。PIQET的方法是基于RMIT大学（澳大利亚墨尔本）设计中心开发的包装生命周期评价模型，使用生命周期评价软件SimaPro和大量的本地和国际数据源。

澳大利亚国家包装公约（NPC）包括关键绩效指标（KPI）和目标，这些指标要求所有企业做出承诺，减少包装对环境的影响。此外，澳大利亚《包装环境实践规范》（ECoPP）就包装供应链中生态设计的作用和重要性提供了指导。NPC成员必须证明本规范在其包装设计过程中的应用。

PIQET允许输入包装规格、生产和配送数据，可以在几分钟内显示出改善环境可持续性的替代方案，所需时间明显少于全面生命周期评价。

2008年，PIQET在澳大利亚发布，参与开发的公司包括吉百利施韦普斯、莱昂内森、雀巢澳大利亚公司、玛氏澳大利亚公司、澳大利亚万事达食品公司和Simplot澳大利亚公司。

安姆科公司是第一家采用PIQET的包装公司，公司在澳大利亚工厂快速评估包装的整体环境影响。全球包装商使用该软件来发现包装设计的替代方案，并评估不同供应链的差异，以尽量减少产品包装对环境的影响。VIP包装公司2009年采用PIQUET实现了类似的效益。

2010年，SPA发布了PIQET 2.0版，可以在新西兰、西欧、北美、日本和中国使用。SPA不断投资，进一步开发数据库和生命周期方法，以扩大软件的应用领域。最近，PIQET更新了可覆盖全球内容的数据库，并对数据库进行了结构调整，以确保国际一致性。

欧莱雅美国公司于2011年5月推出了可持续包装记分卡，以评估产品包装的生命周期可持续性。现在，所有的新产品都要进行包装评估，使用包括PIQET在内的7个标准：使用生物塑料、循环回收材料、经过认证的纸板、采用轻量化技术、不含PVC、包装体积和内包装尺寸。作为一个高效的评估工具，PIQET通常用于确定全生命周期评估研究中如何投资及其优先级。

任何公司的销售、设计和技术团队都可以轻松使用PIQUET软件，这要求用户：

①定义包装系统中使用的组件；

②确定用于制造组件的材料和工艺；

③提供包装实现其功能所需的供应链步骤信息；

④定义组件的生命周期终止状态。

一旦输入此信息，PIQET将生成一系列报告，详细说明包装系统的环境影响，包括温室气体排放、水、能源和土地利用以及固体废弃物的产生。PIQET还报告一些对包装可持续性评估有用的指标，比如分析产品与包装重量比；为消费者提供一致的结果解释并发布出来，如消耗水、木材等。澳大利亚的SPA和SPC合作，可能在不久的将来会实现整合的单一平台。

印前方面还有可以提升的空间，以便在节省成本的同时更具可持续性。因为可以看到预期效果，色彩精确打样是第一时间得到客户签字认可的最好方式。与彩色打样相辅助的屏幕打样，有助于以较少的油墨消耗达到理想的颜色饱和度。

自动排版软件可以最大限度地利用印版空间，而印版切割和安装系统可减少对图文区域的影响，减少错误和浪费。

6.3.4 艾利丹尼森 Greenprint

艾利丹尼森公司的Greenprint（绿色足迹评估工具）通过用户友好的方

式分析产品生命周期不同阶段的环境足迹。该工具提供了六个类别（化石材料、树木、水、能源、温室气体和废弃物）的环境影响数据，并允许产品经理、技术人员和设计师根据环境影响快速评估设计和材料选择。Greenprint帮助设计师预见其创新所带来的环境影响，做出更可持续的产品和服务。Greenprint工具在2011年德国柏林举行的生命周期管理会议上推出。

6.3.5 Marketgate 数据库

GreenerPackage.com上的绿色包装咨询委员会和专家库是面向整个包装和标签行业的宝贵资源。网站有最新的可持续包装奖、供应商数据库、专家互动社区和最新的新闻博客。

Greener Package、可持续发展研究所（IFS）和AIChE（美国化学工程师学会）的科学团体，是在93个国家拥有超过40000名化学工程师的全球专业社区，赞助可持续包装研讨会，讨论可持续发展和支持推动可持续性研究和工程应用，在研讨会上提出多学科的科学和技术问题。Greener Package将数据库与沃尔玛的Marketgate数据库合并，决策者现在可以访问Greener Package数据库，并在建模软件中创建包含可持续性选项的多种包装方案。只有第三方审核/认证的公司才能出现在系统中。

Greener Package数据库是包装供应商输入其可持续性数据的中心点。ECRM是Greener Package的持续合作伙伴，能够链接到可持续包装记分卡建模软件，ECRM将继续开发、支持和增强该软件。参加沃尔玛年度可持续包装博览会的包装供应商必须将数据输入Greener Package数据库。沃尔玛与GreenerPackage. com和ECRM合作举办了一个虚拟贸易展，目的是让在阿肯色州本顿维尔签署的合同有效期能够持续一整年。

6.3.6 SPC 设计库

SPC设计库是展示包装创新和解决方案的在线库。设计库作为教育资源，旨在激励包装设计师、生产商、工程师和学生，并重点介绍包装竞赛中的获奖者。

该网站介绍了Greener Package可持续性关注奖，以及来自杜邦和PAC公司的最新获奖者。可持续性关注奖基于八个标准，其中包含了可持续包装的SPC定义。

①添加剂

②设施流程

③清洁产品

④复合材料

⑤消费品

⑥化妆品/个人护理

⑦显示电子设备

⑧软包装

⑨食品和饮料

⑩通用包装

⑪纸和纸板

⑫聚合物（生物基）

⑬聚合物（石油基）

⑭运输机械

⑮PAC奖获奖者

⑯杜邦奖获奖者

⑰绿色包装奖获奖者

6.4 材料价值

随着领先品牌商和零售商采取零垃圾填埋和材料回收等可持续发展举措，标签加工商必须保证材料废弃后的价值，就像进入工厂时价值一样。用于生产标签的大多数材料都可以再加工，并用于新的用途，在某些情况下，可以生产和原材料价值相同的新产品。

RecycleMatch公司为废料的买家和卖家提供了在线市场，目的是实现废料零填埋。RecycleMatch公司致力于提高回收利用率，据其估计，商业生产的非危险材料为77亿t。RecycleMatch公司在多个行业将产生废料的公司与寻求废料重复使用、升级再造、循环使用或降级回收的公司联系起来。

位于德克萨斯州奥斯汀和休斯顿市的RecycledMatch公司目前与Campbell's、MillerCoors、爱普生、陶氏和通用电气等大公司合作，帮助这些企业采取可持续发展措施实现固体废弃物减量目标。在RecycleMatch市场上已经可以购买到整卷标签材料。

升级再造（Upcycling）是指通过将一种或几种材料再加工成更高质量的产品来实现其价值。

降低回收（Downcycling）是指在生产价值较低的产品时分解所用材料，这些价值较低的产品通常消耗更多的能源。

标签和包装行业的领导者正在投资研发，以寻找材料回收再生的可行方法，从而将废料升级再造为纺织、地毯和水瓶等新产品。

在2011年4月《企业家》杂志的一篇文章中，作者Jennifer Wang将商业世界升级换代的复苏归功于2002年出版的《从摇篮到摇篮：重塑我们的制造方式》，作者是美国建筑师William McDonough和德国化学家Michael Braungart，他们认为制造商正在实践的“从摇篮到坟墓”的生产方法，通过循环回收并不足以达到最佳的可持续性。Jennifer Wang引用McDonough的话说，“聪明的制造商明白，考虑使用周期意味着考虑客户与产品和品牌的长期关系”。

标签行业能够在“从摇篮到摇篮”生产过程中实现效益的领域是废弃底纸的回收再生——纸张和薄膜底纸。

6.5 闭环式底纸回收再生

全球每年消耗140万t压敏标签，而且这一数字还在不断增加，因为人口、消费者、PS材料的应用都在增长。离型底纸占到压敏标签结构的一半，是实现容器贴标必不可少的材料。但是，全球每年循环回收的纸张或薄膜底纸废料不到总用量的12%。整个包装行业都感受到了零废弃的压力，对产品外包装进行更严格的可持续评估只是时间问题。

总部位于南卡罗来纳州格里尔市的三菱塑料（Mitsubishi Plastics）美洲分公司三菱聚酯薄膜公司推出Reprocess技术，这表明闭环生产已经在标签行业取得了一些成功。三菱聚酯薄膜公司是第一家也是唯一一家将闭环回收解决方案引入标签行业的离型底纸生产商，主要用于薄膜压敏材料的回收再生。Reprocess技术是一种PET薄膜底纸回收技术，可将废弃底纸重新利用，生产含有回收成分的高质量底纸。品牌商在高速贴标线上对Reprocess底纸的质量进行了测试，Spear公司啤酒瓶贴标线和CCL大容量个人护理产品贴标线上都使用了Reprocess底纸。Reprocess底纸性能可靠，其成本与全新PET底纸基本相同。

闭环或“从摇篮到摇篮”制造流程通过再循环过程将产品对环境的影响降至最低，从而创造出与所用材料相同的产品。采用可持续的生产、运营和废弃处理方式，并在很大程度上依赖多个价值链利益相关者的投入。

三菱利用聚合物和薄膜技术以及内部回收能力实施Reprocess，围绕最终用户或包装公司废弃标签底纸开发技术。由于每天生产的材料较多，格里尔工厂拥有一套功能齐全的综合废料回收系统。

三菱公司对PET底纸实现闭环生命周期循环的第一步是收集。公司将贴有Reprocess标签的容器分给参与的CPG公司和包装商，以提高他们对PET底纸材料的认识，因此PET底纸被视为是有价值的。

三菱公司还需要专业的废料回收商的帮助。由于公司也会收集竞争对手的底纸，这就需要通过材料透明度和颜色进行分离，并剔除可能贴有的任何其他标签。公司解释说，很难培训回收商将三菱公司底纸和其他公司底纸分离开来，因此这一责任需由公司内部承担。如果无法从视觉上判断底纸是否是三菱公司的，那么材料将被送到实验室进行检查和验证。

为了使闭环系统真正发挥作用，CPG公司必须支持离型底纸的收集。必须有足够的材料得到连续的回收，以满足Reprocess实现价值所需的再加工材料，无论百分比是多少，维持生产以满足潜在需求是关键。

6.6 减少碳足迹

现代消费者希望有权做出让他们感觉良好的购买决策，同时希望产品有较低的价格和合理的性能价值。

消费者购买的每种产品都会产生碳足迹。碳足迹是评价人类活动对环境影响的量度，以二氧化碳为单位测量温室气体（GHG）排放量。减少碳排放的主要优点包括降低能源成本和材料消耗。

在计算碳足迹时，必须考虑产品生命周期的每一个阶段，包括生产使用的原材料和产品进入销售环节所用的包装。

6.6.1 全球碳排放标准

为了从整体上比较产品的可持续性，各个组织正在努力为产品整个生命周期内的碳排放量制定碳足迹的全球标准。国际标准化组织ISO正在制定ISO14067标准，世界资源研究所（WRI）和世界可持续发展商业理事会（WBCSD）推出了温室气体核算体系（GHG Protocol）。

英国PAS2050颁布于2008年，是世界上第一个全球性碳排放标准，进一步明确了BS EN ISO14040和BS EN ISO14044中的生命周期标准。标准规定了评估商品和服务的生命周期温室气体排放量的要求，并为消费者在做出购买决策和使用商品和服务时更好地了解温室气体排放量奠定了基础。全球碳排放标准体系如图6-8所示。

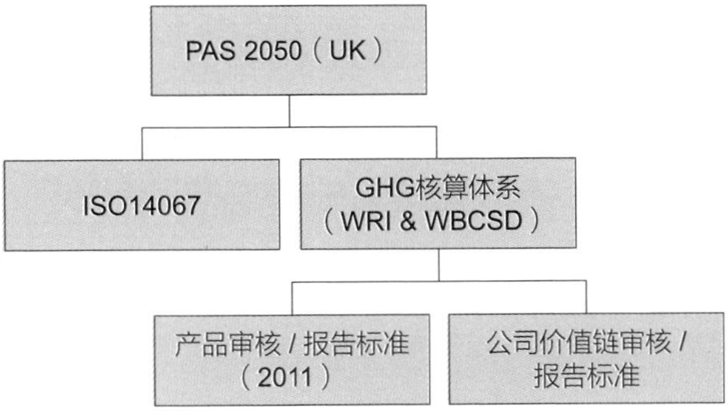

图6-8　全球碳排放标准体系

PAS 2050解决了温室气体评估问题：

①在商品和服务的全面温室气体排放评价中，部分温室气体评价数据在企业对企业（B2B）和企业对消费者（B2C）两种评价体系中的应用；

②应包括温室气体的范围；

③全球变暖潜势数据的标准；

④因土地利用变化、生物和化石碳源产生的排放的处理方法；

⑤处理产品中碳封存和碳补偿的影响；

⑥特定工艺中产生的温室气体排放的各项处理要求；

⑦可再生能源产生排放的数据要求和对这类排放的解释；

⑧符合性声明。

其他一些国家正在根据PAS2050和ISO规范制定本国的国家规范，比如新加坡。联合国环境署（UNEP）和国际环境毒理学和化学学会（SETAC）的生命周期倡议有一个项目组来支持产品碳标准化活动。产品生命周期中使用阶段的碳排放量非常大，因此这些组织正在努力告知消费者如何减少这一阶段的影响。

6.6.2 温室气体核算体系

温室气体核算体系（GHG Protocol）可能是政府和企业领导了解、衡量、跟踪和管理温室气体排放的最广泛使用的国际审核工具。温室气体核算体系是由世界资源研究所和世界可持续发展商业理事会联合制定的。

温室气体核算体系是全球几乎所有温室气体标准（包括ISO14067）框架的基础，为公司、政府和其他团体制定温室气体排放清单提供了标准和指导，该体系涵盖了《京都议定书》规定的6种温室气体的核算和报告：二氧化碳（CO_2）、甲烷（CH_4）、氧化亚氮（N_2O）、氢氟碳化合物（HFCs）、全氟化碳（PFCs）、六氟化硫（SF_6）。

温室气体核算体系旨在实现以下目标：

①帮助公司编制具有标准化方法和原则的温室气体清单；

②简化和降低编制温室气体清单的成本；

③向企业提供可用于制定有效战略以管理和减少温室气体排放的信息；

④提升各公司和GHG项目之间温室气体审核和报告的一致性和透明度。

温室气体核算体系企业标准是在350多名来自企业、科学界、非政府组织、政府和审计公司的专家的帮助下制定的。来自9个国家的30多家公司已经对其进行了测试。其目标是协调碳核算，确保数据能够有效地用于全球贸易而不产生矛盾。

不应将GHG减排项目相关的减排量用作补偿或信贷目的。该项目核算

GHG协议为此提出要求和指导。参与该核算体系制定的标签和包装公司包括：3M、Alcoa、Amcor、巴斯夫、杜邦、Gold'N'Plump Poultry、三菱化学公司和SC Johnson。企业标准只侧重于排放量的核算和报告，以便编制一份清单，而没有规定应如何进行核查过程。温室气体核算体系确实提供了一些符合联合国政府间气候变化专门委员会（IPCC）的计算工具，用于国家级排放量的计算，这个是目前最有效的做法。

随着企业标准的成功，温室气体核算体系正在制定两项新标准：

①产品生命周期审核和报告标准；

②公司价值链（范围3）审核和报告标准。

新的温室气体核算体系标准将提供一种标准化的方法，用以确定单个产品在其整个生命周期和全球价值链（包括公司运营的上游和下游）中相关的排放量。有了全面的温室气体测量和管理方法，企业领导者和政策制定者可以在供应链内寻找减少排放的机会，在产品采购、销售和生产方面做出更可持续的决定。

2008年，温室气体核算体系“产品和范围3标准”开始制定，2009年发布初稿。2010年，超过60家公司对标准草案进行了测试，对标准草案的实用性和可行性提供反馈。产品标准定于2011年9月颁布。

大多数测试公司认为，标准有助于确定温室气体减排机会，帮助供应商改善供应链管理，有助于了解供应链中与排放有关的风险，创造竞争优势和产品差异化，提高温室气体报告的可信度和透明度。温室气体核算体系标准如图6-9所示。

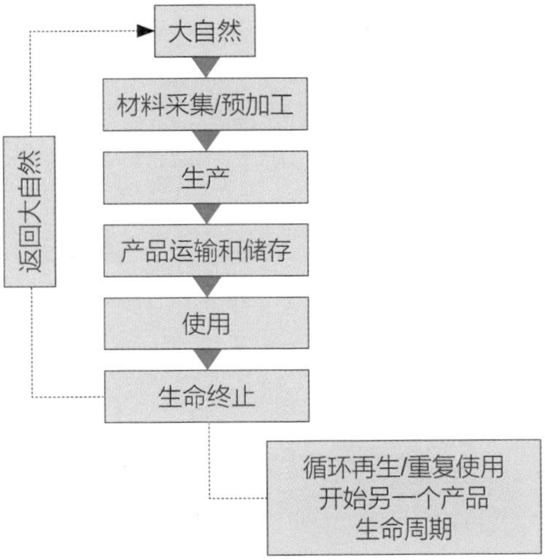

图6-9　温室气体核算体系标准

6.6.3 碳减排标签

碳信托基金（Carbon Trust）是一家非营利的英国咨询公司，公司与英国政府和消费者合作，教育消费者了解产品使用和碳排放的影响。碳信托基金开发并推出了碳减排标签，以帮助买家快速了解哪些产品正在努力减少其碳足迹。

碳减排标签旨在鼓励制造商减少产品的足迹，使用该标签的品牌必须根据PAS 2050标准计算出相关产品的准确碳足迹。消费者在做出购买决定时，除了价格、便利性和质量之外，还需要考虑环境和社会问题。

碳减排标签系统向消费者传达将特定产品推向市场的过程中所释放的总碳排放量。系统将这些阶段考虑在内：

①生长/提取；

②制造；

③包装；

④配送；

⑤使用阶段；

⑥使用后/处置。

一旦产品的足迹得到认证和测量，品牌必须设定进一步减少产品碳排放的目标。每两年对产品的碳足迹进行一次重新测量，必须在碳减排方面取得进展。如果没有取得进步，则标签将从产品及其包装上移除。

Walker's chips是第一个使用碳减排标签的品牌，但是目前没有包含使用阶段的排放信息。如前所述，碳信托标识体系目前包含使用阶段的碳排放。

GNP公司是美国第一家在其Just BARE产品包装上贴碳减排标签的家禽公司。该公司承诺使用可持续的包装方案。然而，这给公司带来持续的挑战，因为许多可用的环保材料无法提供在整个生产和运输环节确保食品安全所需的耐用性。

尽管如此，我们还是向前迈出了一大步。例如，GNP公司刚刚推出的Just BARE品牌禽肉使用#1/PET/PETE塑料托盘，如图6-10所示，这是某些（但不是所有）市政回收公司可接受的，最近该公司开始使用无底纸压敏标签，从而消除了离型底纸以及产品生命周期中产生的多余废料。

乐购超市在各种产品上都使用了碳排放标签。2007年，乐购公司决定与碳信托基金合作，评估多种产品的碳足迹。如今，该公司销售的100多种各式家用产品都贴有碳减排标签。

图6-10　GNP公司Just BARE是美国第一个在产品上使用碳减排标签的家禽品牌

其理念是：消费者反过来会以销售额和忠诚度来回报自有品牌。2011年，这家全球大型零售商制定了雄心勃勃的目标，即到2020年将在其门店销售的产品的碳排放量减少30%，同时，乐购还承诺协助供应商在2020年将碳足迹减少50%。

碳减排标签的目的是让消费者更加了解和知晓产品的环境影响，希望消费者能成为更负责任的买家。

很明显，随着碳减排标签在包装行业更大范围的推广，标签和包装印刷加工商需要更加关注容纳产品的内包装，以便标签与目前的回收渠道以及正在开发的回收渠道兼容。此外，任何废料都可以成功地回收，并以另一种形式进行有价值的再利用。标签行业需要进行更多的科学研究，以揭示标签材料的特性，确保在回收渠道不会出现污染。

这是设计推动创新和现代解决方案为改善全球人民和地球的福祉，而减少产品环境足迹的关键所在。仿生学利用天然系统和工艺作为产品设计的资源，是确保标签和包装行业可持续发展的一种方法。

最近的一个仿生学例子出现在2008年北京奥运会游泳比赛中，顶尖的运动员们穿着Speedo公司设计的Fastskin泳衣，模仿自然界中游泳速度最快的鲨鱼，如图6-11所示。Fastskin泳衣模仿鲨鱼皮肤皮质的水动力效率，让身体更顺畅地在水中游动。

Breit Technologies的Cast&Cure技术也是标签和包装行业仿生创新的一个例子。Cast&Cure工艺允许加工商在不使用颜料的情况下将反射涂层涂布到承印材料上，从而产生类似蝴蝶翅膀的反射。层压机械安装在印刷机的顶部，微压花薄膜层压在基材上，并在潮湿状态下进行压花。然后，移除薄膜，留下全息箔般的品质。这种薄膜可重复使用12次，大大减少了包装或标签的环境足迹。

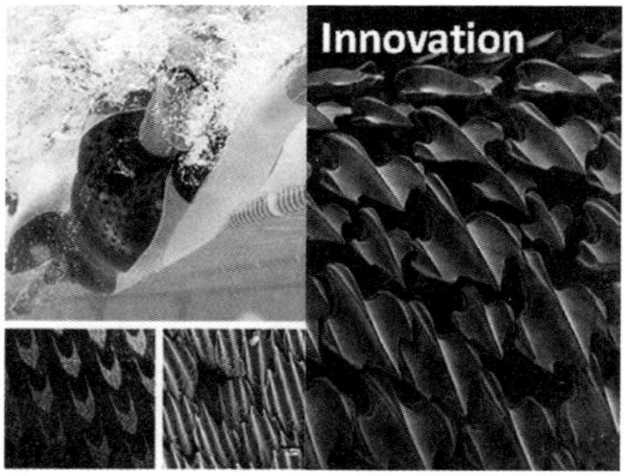

图6-11 Speedo公司的Fastskin仿生泳衣示例

在高附加值包装上使用Cast & Cure技术，可以显著节省成本（1m²金箔装饰可节省54美分）。此外，该技术还可以对以前无法提高附加值的产品进行价格合理的包装升级。宝洁公司用Cast&Cure对北美市场的高露洁包装盒进行装饰。

6.7 交互式包装

二维码和SnapTag等交互包装将帮助品牌商和零售商向消费者传递产品的可持续性信息，这是完全透明和智能的方式。通过引导买家访问信息丰富的网站或教育游戏，或通过购买习惯和随机调查收集数据，买家将以前所未有的方式链接到货架上的商品。

交互包装、交流和教育以及供应链互联所带来的好处是无穷的。交互包装使消费者能够做出前所未有的明智选择。毫无疑问，市场通过智能手机推动包装回收和碳足迹教育，这很可能是提高回收率和覆盖率，以及通过标签和包装将数字世界和可持续世界连接起来，在全球范围内减少碳排放的关键。

已经有一些应用程序可以将产品的生命周期影响告知消费者。例如，智能手机应用程序Good Guide提供了有关产品的可持续性、健康和安全因素以及生产这些产品的公司信息。Good Guide具有条码扫描功能，使得访问极其快速、简单，并可提供健康、环境和社会因素的总分，如图6-12所示。

图6-12　Good Guide智能手机应用程序对产品可持续性进行排名

Good Guides目前在个人护理、家庭、电子产品、玩具和食品等多个领域对超过12万种产品进行排名，而且每月都在增加。这些现代化的购物手段将极大改变消费者在商店中筛选产品和购买的方式。

2011年，雀巢推出了手机应用程序123Recycle，目前仅针对新加坡地区，如图6-13所示。通过条形码扫描和电子邮件跟踪，告诉消费者如何分类和处理产品包装的各个部分。程序是由雀巢新加坡团队和南洋理工信息学院合作开发的。这家全球消费品公司希望尽快为其他国家和地区开发类似的应用程序。

社交媒体渠道也将越来越多地用来提示和教育消费者。Reckitt Benckiser在通过Facebook与客户互动方面做得很好。通过poweRBrands游戏（有点类似于Facebook的Farmville），用户必须使用自己的销售和营销技能来击败竞争对手，努力成为公司总裁。通过这种方式，可以收集数据，消费者在游戏结束后很长一段时间都能与Reckitt Benckiser保持联系。市场预计会有更多的活动推出，专门与消费者讨论包装和产品的碳足迹、回收利用、使用阶段的能源减少和总的环境信息等，如图6-14所示。

图6-13　雀巢123Recycle应用程序在新加坡引导消费者的回收习惯

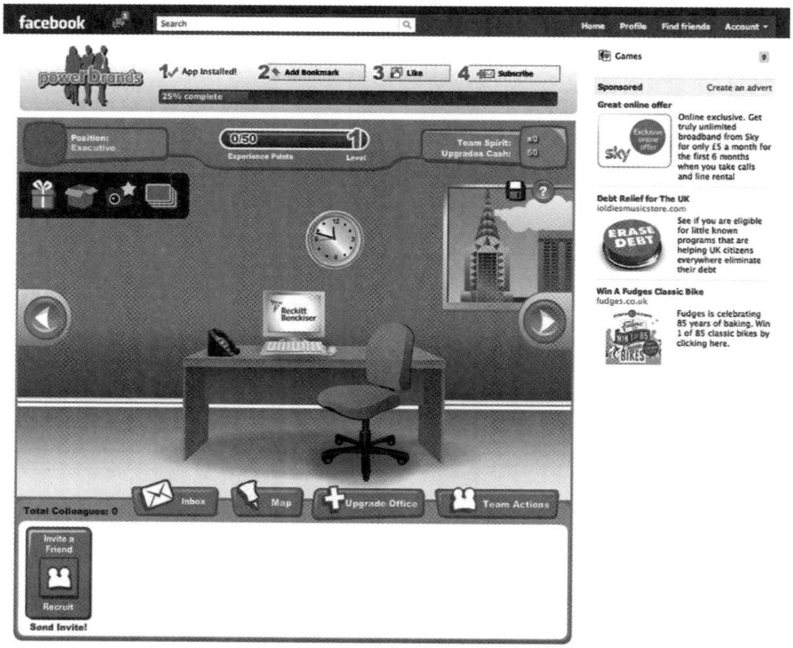

图6-14　Reckitt Benckiser powerbrands互动Facebook游戏

6.8 生命周期分析的最新进展

6.8.1 UPM 蓝泰

UPM蓝泰公司推出专用生命周期分析工具Label Life，为材料加工提供了客观的环境足迹分析。目前，Label Life只为该公司的销售团队服务，但预计基于web的软件程序也可以供客户使用，最终目标是为最终用户提供数据的透明性。

已经有超过300种标签产品可以根据面材、黏合剂和底纸组合进行评估。分析包括原材料采购、标签制造、配送和材料寿命终止等各个阶段。虽然标签印刷过程被排除在评估范围之外，但客户可以要求自定义比较，可模拟标签印刷过程，包括凹版、柔版、胶印和丝网。

Label Life允许对整个标签结构（包括底纸的循环回收、焚化和填埋）的使用寿命进行评估。对能源消耗、用水和碳排放等环境影响以易于检查的格式生成报告。

6.8.2 可持续包装联盟

可持续包装联盟发布COMPASS软件，这是一个为包装设计评价量身定制的在线简化版生命周期评估（LCA）工具。COMPASS将生命周期评价（LCA）交给设计专业人员，这样关键的环境性能标准就可以很容易地纳入创意设计和材料选择步骤中。

COMPASS为美国、加拿大和欧洲提供了一致的建模数据库，这些数据库是为包装所用材料和工艺量身定制的，允许在多种情况下进行可靠的比较。此外，区域化固体废弃物建模提供了各个场景的废弃物概况，以帮助理解包装设计的寿命终止（EoL）的含义。

6.9 制定可持续发展的环境政策

标签材料的选择、能源使用和效率、固体废弃物管理、运输和配送可能是标签加工商容易理解并开始采取行动去践行可持续发展的领域，但生命周期评价的概念以及设计更可持续的产品无疑不是那么容易理解的。

希望本章能有助于加工商更好地理解这些复杂的问题。如果做得好，加工商就能定期评估材料和工艺的可持续性能，并与员工、供应商和客户合作，以减少生产的标签对环境的影响。

为了帮助标签加工商制定环境政策声明，以实现可持续发展，本书起草了一份指导方针政策声明，可以直接使用或根据公司运营和环境进行修改，如下所述。

可持续性能设计的环境政策

总则

①100%承诺努力减少所生产标签对环境的影响；

②目标是与客户合作，设计易于再加工和可重复使用的标签，以减少其碳足迹。

具体措施

③对员工和客户进行教育，让他们了解各种标签材料的生命周期，以及标签结构对环境的影响；

④不断评估本地和行业的循环回收和回收再生系统、可接受的材料以及在产品区域实现再生价值可能性；

⑤评估新的、更可持续的材料对环境的影响、其回收价值和减少产品废料的潜力；

⑥在可行的情况下，要求材料供应商对所提供的材料进行生命周期评价；

⑦在选择材料时，使用LCA材料数据作为决策工具；

⑧努力提升设计和配送产品与服务的效率；

⑨努力更好地了解、测试、跟踪、管理和减少温室气体排放；

⑩与产品制造商合作，生产与现有回收渠道和正在开发的产品兼容的碳足迹标签；

⑪努力减少产品和整体业务的碳足迹，为整个供应链带来价值。

第 7 章

运输和配送

运输和配送几乎对任何企业的供应链和运营都是不可或缺的，无论是货物的接收或配送、对外销售或商务差旅，甚至是在企业内部使用叉车或其他类型的非道路动力机械搬运货物。

在当今高度竞争的商业环境中，从物流、运输以及工厂内部使用的内燃机中获得的节约和效益，都可以提供超越竞争对手的优势。作为产品生命周期和企业价值链系统的一部分，碳足迹计算包括运输和配送环节。

毫无疑问，运输、商务差旅、货物运输和配送、工业运输、非道路机械，甚至发电机、压缩机或有动力的厂房/花园管理机械，如今在每个标签加工商及其员工的商业、经济（和社会生活）活动中都起着至关重要的作用。无论是员工上班通勤、商务差旅、向客户配送成品标签，或在工厂内移动托盘、料卷、油墨、废弃物等，发电或为压缩机、压缩泵供电，这些活动在发达国家占到基本能源消耗量的20%~30%。

最近的研究表明，高达94%的企业排放量可能来自四个领域：商务差旅、商用车、工厂燃料和办公能源。因此，碳减排战略需要把重点放在这些领域。每个领域都需要一个行动计划，并制定各种措施实现减排目标。本章将介绍差旅、运输、配送和工厂燃料方面的内容。

也许更让人担忧的环境问题是，运输、差旅、工厂内燃机和配送过程中使用的能源和产生的碳排放约98%来自化石燃料，这些活动成为温室气体排放和空气污染的主要来源。从更广泛的角度来看，这些活动还会导致全球变暖、酸雨、臭氧消耗、员工哮喘和呼吸系统问题、噪声、道路拥堵、交通和工厂事故、车辆浪费和稀缺资源消耗等。对于标签行业来说，这无疑是一个巨大的挑战，但也很容易被忽视。

评估行业供应商或标签加工商的运输、配送、货物转移、发电、地面维护等环境问题时，供应商或标签加工商需要了解：

①所有商务运输要求的性质和用途；

②运输所带来的问题，包括供应商运输和承运人运输；

③公司各环节如何使用交通工具，例如交货环节、不同工厂之间、销售团队和管理层的差旅、工厂内部等；

④不同类型运输工具的使用，如卡车、货车、轿车、叉车、其他工业卡车、地面维护（割草机、链锯）等；

⑤如何测量和监测运输环节的碳排放；

⑥减少运输工具使用所涉及的问题；

⑦减少燃料消耗/差旅的方法，例如车辆维护、驾驶员培训、行程规划、灵活的工作安排、使用当地供应商/运营商、改变驾驶行为、购买低碳排放车辆，或者鼓励员工使用自行车和拼车、采用铁路货运等。

⑧“绿色”驾驶技术，如经济驾驶、“绿色”燃料、路线规划等；

⑨尽量减少差旅和交通的相关问题；

⑩如何审核差旅和交通使用情况；

⑪如何获得员工对减少运输影响的支持和建议；

⑫如何在公司推广差旅规划和运输优化。

在努力减少能源消耗、碳排放和废弃物以及降低成本时，可以考虑哪些类型的运输、机械和设备？一般来说，车辆可以分为道路车辆或非道路车辆，然后进一步按车辆类型或内燃机分类，如图7-1所示。

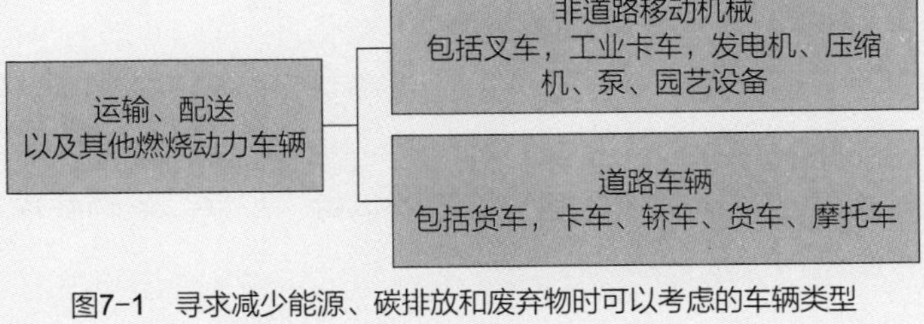

图7-1　寻求减少能源、碳排放和废弃物时可以考虑的车辆类型

从业务角度看，差旅、运输和配送业务相对简单的改变可能包括：

①审核所有商务差旅的必要性；

②为员工提供节油驾驶培训；

③推出燃油效率提升、差旅里程减少的奖励计划；

④向员工发出商务差旅时间减半的挑战；

⑤鼓励选择碳排放较低的汽车和其他商业交通工具；

⑥定期/例行设备维护和维修；

⑦引入路线规划或车辆共用计划；

⑧在可行的情况下考虑GPS跟踪；

⑨通过发动机控制模块调节最高转速、巡航速度、发送机转速、怠速时间。

以欧盟为例，欧盟承诺到2020年实现整个经济体的温室气体排放量在1990年的基础上减少20%。按照预测，欧盟还计划将一般能源消耗量减少20%，并将可再生能源的市场份额提高到20%。

交通运输在实现这些目标方面可以发挥重要作用。根据欧盟委员会提出的能源效率行动计划，交通部门和用户的能源消耗有约26%的下降空间。要做到这一点，不能仅仅依靠发展“绿色”技术和改善基础设施，还可以采取“更绿色”的交通方式和软措施，如交通需求管理计划、提高认识、驾驶员教育和培训，都可以发挥重要作用。

毫无疑问，运输和差旅以及设备是许多标签加工商可以进行调整以降低成本的首选。通过建立一些常识性的“道路规则”，许多公司发现可大幅提高燃油效率。在大多数对外销售和道路运输中，燃料至少占到运营成本的30%，因此燃料管理可以成为提高运营效率的重要手段。

还可以通过更有效地利用车辆空闲时间，充分利用停车场空间来节省成本。所有企业都有责任确保公司的任何车辆满足道路行驶条件，并符合废气排放标准。

帮助员工有效地规划业务和非业务行程，鼓励他们安全高效地驾驶，有助于降低燃油成本，并提高企业的环境和安全绩效。教育员工了解交通工具对环境的影响，鼓励员工步行、骑自行车或使用公共交通工具进行通勤和商务差旅，这有益于员工的身体健康，并降低出行成本，也有助于减少病假、增加员工留用和改善当地空气质量。

一些公司甚至将“办公桌里程”的概念引入公司的运营中。“办公桌里程”就是产品在制造过程中，从原材料到成品，再到客户之间的距离。这一概念包括尽可能在当地采购原材料，不仅有助于当地经济的发展，也有助于环境的改善。

不少公司已经使用最新的卫星跟踪和导航技术来规划车队每辆车的路线，无论是销售团队还是送货车。坐在公司办公室，就可以帮助管理和组织每一次销售访问或客户交货，以尽可能减少环境影响。其他因素包括购买更省油的车辆、使用优化交货或销售访问软件、路线规划和共享用户方案。

重要的是要认识到，不同的配送方式会使配送和交付的产品受到不同程度和不同方式的损坏。货运公司或快递都会出现同样的情况。由于涉及大量的搬运，由货运公司提供的隔夜交货通常会带来最大程度的破坏性冲击。众所周知，共同承运人的运输存在较大变量，但相对隔夜配送环境，其破坏程度会有所减轻。国际目的地的配送与国内配送也有很大不同。因此可以说，配送环境在本质上是高度可变的。

为解决上述所有问题和要求，建议公司首先进行运输、差旅和货物配送的审核，然后制订运输和差旅计划。可以用任何必要的指导方针、政策文件、记录保存系统等来跟进这些行动。

7.1 公司运输、差旅和货物配送的审核

标签加工商对运输、差旅或货物配送的审核应包括公司货车、卡车、公司客车、工业卡车和装卸设备、地面维护或非道路机械业务的所有方面，具体内容可以参阅以下列表中所示的这些方面。

公司运输、差旅和货物配送审核的内容：

①现有的公司差旅政策和报销程序；

②公司车辆（轿车、面包车、卡车等）所用燃料的支出；

③个人和车辆行驶的总里程；

④公司车辆组成（即车辆/燃料类型、经济性、排放量）；

⑤与公司车辆和公司差旅相关的保险费用；

⑥员工在差旅或安排公司差旅中花费的时间；

⑦公共交通费用支出；

⑧使用商务差旅的替代方案，如电话/视频会议；

⑨目前在工厂内和工厂周围使用的内燃机（汽油或柴油）；

⑩员工通勤里程、员工居住地彼此的靠近程度和拼车数量。

公司运输、差旅和货物运输审核应关注燃料支出这一主要环节，并指出需要进一步调查和改进的环节。任何改进都能带来重大的环境效益，升级公司车辆、改善驾驶习惯和提升运营效率均能带来可观的成本节约。

根据标签加工商的运营方式以及供应商、客户或其他企业访客的性质和类型，对访客到公司的差旅及其行为的详细信息进行审核，并对送货和供应商的访问次数和类型进行审核，以确定是否可以减少此类差旅的次数和影响。

最后，审核的总体目标应该是：

①降低公司车辆燃料成本；

②减少公司车辆二氧化碳排放量；

③提高公司的社会和环境声誉；

④尽量减少工厂内的交通和停车问题；

⑤改善员工福利。

7.2 制订公司运输、差旅和货物配送计划

标签加工商制定环境战略的一个关键阶段是制订涵盖公司汽车、货车、卡车、货物进出和内部货物流动的计划。如果工厂有花园，还可能需要涵盖汽油驱动割草机、树篱修剪机或链锯等。其目的不仅是实现在环境领域的重大效益，而且还包括企业形象、社区关系、员工招聘和留用以及财产的有效使用。

公司运输、差旅和货物配送计划本质上是一整套政策、倡议和目标，是为满足特定标签加工商或工厂的特殊需要而专门制定的，并解决确定的运输、差旅、访问和配送问题，特别是二氧化碳排放问题。计划必须是唯一的，其范围和内容取决于企业每个工厂或多个工厂的规模、类型和位置。

运输、差旅和货物配送计划可以解决标签加工商运输、差旅和配送活动各个方面（包括外部和内部）的问题，如下所示。

标签加工商运输、差旅和货物配送计划需要解决：

①销售人员、管理人员或技术人员的商务车差旅；

②拜访客户、供应商销售代表、供应商技术支持相关差旅（工程师维护）；

③进货交付；

④成品交货；

⑤公司货车或卡车操作和/或客户配送/交付；

⑥使用外部承运或快递服务；

⑦公司使用的叉车、升降机或其他类型的工业卡车或装卸设备；

⑧地面或景观维护机械，包括石油割草机、链锯、树篱修剪机等；

⑨作为发电机、泵、压缩机的非道路移动机械；

⑩该计划还可扩展至员工通勤旅程。

注：非道路移动机械定义为移动机械或移动式工业设备，包括带或不带车体的设备，但要满足：

①不能在公路上载客或载货；

②安装内燃机——火花点汽油发动机或压燃式柴油发动机。

公司运输、差旅和货物配送计划应尽量减少不必要的人员或货物流动，促进节油驾驶，促进更多地使用可持续的差旅方式，可持续的货物流动和运输，所有这些都旨在减少碳排放和降低公司成本。此类计划应寻求在标签加工厂引入智能化操作和管理，包括公司内部和外部两个方面。

此外，该计划还可以考虑将胡萝卜（激励）和大棒（惩罚）结合起来，以影响公司（甚至可能是员工）的差旅行为，包括以下内容：

①与员工、客户、供应商、商业伙伴和当地社区的联络；

②公司差旅、运输和配送政策的变更；

③相关员工条款和条件的变更；

④公司制度和程序的变更；

⑤介绍行程规划和/或跟踪系统/软件；

⑥改善现场设施和基础设施；

⑦改善/提升运输服务；

⑧差旅信息规定。

在制订和实施公司运输、差旅和货物配送计划时，关键目标是在具有成本效益的解决方案和带来实际利益的改变之间建立平衡。

可以采取许多切实可行的措施和政策来提高车辆的效率、降低成本和减少二氧化碳排放，下面列出其中一些措施。

7.3 运输碳排放的测量和审核

目前在北美、欧洲和其他地方有各种计划和方案可用于测量、记录和审核公司的运输碳排放，下面简要介绍其中两种方案。

7.3.1 可持续运输解决方案（STS）

为了帮助标签加工商和供应商准确测量碳足迹，STS开发了一个运输碳排放审核工具。这个电子表格工具具有友好的操作界面，用于量化企业活动可能产生的所有运输碳排放量，包括车队车辆排放量、员工商务差旅排放量和员工通勤排放量。

该工具允许用户根据可用的数据指定不同的方法。例如，汽车排放量可以通过燃料使用量或里程数来计算。还可计算所有上游环节燃料排放量，比如考虑燃料的提取、生产和配送以及汽车尾气排放量，这使得在生物燃料和电动能源等不同燃料之间进行更有效的比较成为可能。

7.3.2 Gfleet 服务公司方案

测量运输碳足迹的第一步是确定主要的碳排放源。Gfleet方法（Gfleet服务公司是一家独立的可持续运输咨询公司）包含一个企业的所有运输工具，包括重型货物、货车、公司汽车或租赁汽车、生态计划、津贴汽车、灰色车队、租用汽车和出租车。

Gfleet公司的许多客户已经准确地确定了他们的总运输碳足迹，尽管深入到车队级别以及单个车辆级别并不需要报告，但如果企业的碳减排目标要由本地管理者和司机来负责，这是有必要的。Gfleet可以帮助在碳排放中考虑这个细节。

因此，碳排放与成本之间有着密切的关系，产生一吨二氧化碳需要消耗380L（100加仑）的柴油，按照目前的价格，大约是650美元（450欧元），未来可能还会更多。

Gfleet根据世界资源研究所（WRI）和defa（英国政府环境、食品和农村事务部）温室气体报告标准（GHG）制定了一种方法，以确保任何足迹符合最佳实践报告。这种方法确保数据每年都具有可比性，并且由于数据更新而进行的任何重新申报对股东都是透明的。

7.4 影响公司车辆选择与使用的因素

公司在考虑购买新车时，有许多因素需要考虑，具体包括车辆类型选择、燃料类型、车辆大小、税收情况和燃油效率等。下面将更详细地讨论这些领域。

7.4.1 车辆类型的选择

不同类型的车辆在环境影响和运行成本方面会有很大的不同。与省油的城市汽车相比，配备V8汽油发动机的大型4×4车辆将排放多达3.5倍的二氧化碳。由于税收、保险和大型车辆折旧费用的增加，运营成本的差异甚至更大。

选择“环保的”公司车辆并不一定意味着要改变车辆的等级，只需选择每一等级中燃料效率最高的车辆，就可以将二氧化碳排放量和燃油消耗量减少25%。一些公司已经推出汽车计划，公司推荐二氧化碳排放更低的绿色之星汽车，让员工来做出选择。

对于城市环境中的短途差旅，使用电动或混合动力汽车是可行的，电动汽车是没有排放的。

7.4.2 车辆大小

在购买或租赁汽车、货车或卡车之前，始终需要考虑车辆如何使用。大多数差旅都是一个或两个乘客的情况，如果偶尔差旅才需要一辆大型车，那么在需要的时候租车可能更划算。可以购买一辆小型、高效的车供日常使用。

在可能需要租车的地方（例如在机场），一些公司在可租用的汽车发动机上设置了上限，比如1.2L。

7.4.3 公司汽车税

在许多国家，公司汽车税是以二氧化碳（CO_2）的排放量为基础的，二氧化碳是主要的温室气体，汽车产生的二氧化碳水平越低，所需缴纳的税率也就越低。

7.4.4 节能汽车

根据美国政府官方的燃油经济性信息网站www.fuel economy.gov，选择购买哪种车辆是公司做出的最重要的燃油经济决策。事实上，假设一辆车每年行驶24140km（15000英里），每升汽油行驶7km（每加仑行驶20英里）的车辆与每升汽油行驶11km（每加仑行驶30英里）的车辆之间的燃料费用每年相差大约990美元（约700欧元）。五年的燃料成本差别大约是4950美元（3500欧元），这是标签加工商需要考虑的因素。

欧洲议会批准了一项立法，允许使用更节能的货车和其他轻型货车。这项已获各成员国批准的新法规限制了二氧化碳的排放，为改善环境绩效的制造商制定了激励措施，并对未达到目标的制造商制定了惩罚措施。

议会最初设定的目标是175g CO_2/km，到2014年，生产商70%的车辆都必须达到这一目标，并在2017年达到总体平均水平。到2020年，确定的目标为147g CO_2/km，比许多人预计得要低。一些小公司可以申请豁免这些规定。在2014—2015年的平均排放量计算中，二氧化碳排放量低于50g/km的货车可帮助其制造商获得“超级信用积分”，即每辆车可算作3.5辆车（从而降低车企的平均二氧化碳排放水平），在2016年可算作2.5辆，在2017年可算作1.5辆。

从2019年起，排放超过限制的货车将征收罚款，每克二氧化碳罚款104美元（95欧元）。

7.5 公司车辆使用的燃料类型

车辆使用的燃料类型与排放量密切相关。柴油发动机产生的二氧化碳排放量通常低于汽油发动机。同样，由液化石油气（LPG）和压缩天然气（CNG）驱动的车辆排放的二氧化碳也比同等的汽油发动机少。电动汽车不产生排放，还有其他类型的绿色燃料也几乎不产生排放。

在英国，对在展示厅中销售的新车采用了颜色编码的环境标贴方案，这是用来表示不同汽车的气候变化影响，也反映了改善环境性能与降低道路税和运营成本之间的联系。在冰箱和洗衣机等“白色家电”上的能效标签说明了标贴系统的重要性。汽车的等级从A到G，A级车的排放量最低。

使用的燃料类型与确定车辆消费税（“道路税”）的CO_2排放等级密切相关，以确保环境效益好的车辆得到明确的财政支持：低碳排放=低道路税。标签还提供了清晰的运行成本信息，表明低排放车辆的运行成本更低，如图7-2所示。

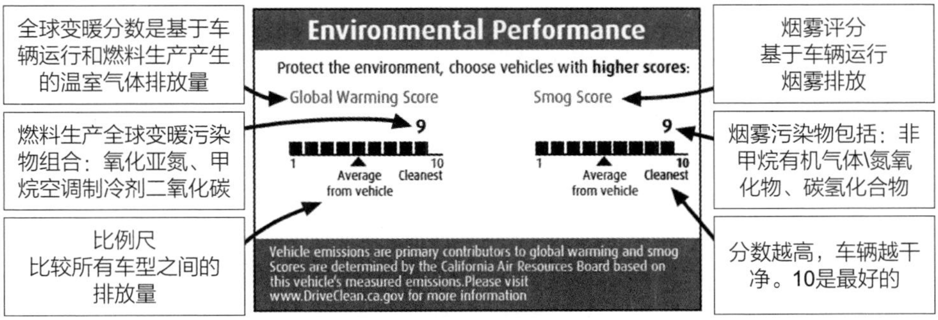

图7-2 英国新车使用的环境性能标签示例

美国政府官方的燃油经济性信息网站列出了车辆使用的各种燃料指南，包括公司使用车辆和私人使用车辆。其中一些准则概述如下。

7.5.1 电动汽车

电动汽车是指由电动机驱动并由可充电电池组供电的汽车。电动汽车相对传统内燃机有几个优点，首先是更节能，电动汽车可将电池中75%的化学能转化为驱动车轮的动力，而内燃机只能转换汽油中能量的20%。电动汽车也比内燃机更环保，不排放尾气污染物，安静，运行更平稳，加速能力更强。

然而，电动汽车仍存在一些电池相关的挑战，因为电池只能续航160～320km（100～200英里），需要4～8h才能完全充电。大型电池组重量大，占用空间大，价格昂贵，在车辆使用寿命内可能需要更换一次或多次。提高电池续航里程、缩短充电时间、降低电池重量和空间以及购买成本，这些目标一直在研究中。

7.5.2 混合动力电动汽车

混合动力电动汽车结合汽油发动机和电动发动机的优点，两者组合配置可实现不同的目标，例如提高燃油经济性、增加功率或为电子设备和电动工具提供额外的辅助功率。

混合动力汽车中的电动机用于提供额外的动力，以帮助发动机加速、通过或爬坡，从而允许使用更小、更高效的汽油发动机。在一些车辆中，电动发动机单独为低速行驶提供动力，因为在低速情况下，内燃机的效率最低。

7.5.3 柔性燃料汽车

柔性燃料汽车使用汽油或高达85%乙醇的混合物作为燃料。除了发动机和燃油系统的一些改进，车辆与汽油/纯汽油车型基本相同。据说，灵活燃料汽车在使用混合燃料时不会出现性能降低。然而，由于乙醇比汽油/石油单位体积所含能量更少，使用乙醇混合燃料，灵活燃料汽车通常每加仑燃料行驶里程减少25%～30%。

7.5.4 生物柴油燃料

SBiodiesel是一种柴油发动机燃料，由植物油、动物脂肪或回收的餐馆油脂制成。它是安全的，可生物降解的，产生的空气污染物比石油基柴油少。

生物柴油可以单独使用，也可以与石油基柴油混合使用。常见的混合燃料包括B2（2%的生物柴油）、B5和B20。B2和B5可以安全地用于大多数柴油机。然而，大多数汽车制造商不建议使用大于B5的混合燃料，一些制造商的保修不包括高比例混合燃料导致的发动机损坏。

7.5.5 其他替代燃料

其他替代燃料来自石油以外的资源，可以在国内生产（减少对进口石油的依赖），而有些则来自可再生资源。通常，这些燃料产生的污染比汽油或柴油少。

为了在美国推广替代燃料，联邦政府向购买合格替代燃料汽车的消费者提供税收优惠。

替代燃料包括乙醇、生物柴油、天然气、丙烷、液化石油气和压缩天然气。

7.6 更有效地使用公司汽车、客车和卡车

分析众多旨在提高燃油效率的公司、政府、国家和国际指南和建议，可以为加工商的驾驶员总结一些驾驶要点，其中包括：

（1）高效使用齿轮　始终以尽可能高的挡位行驶。在3挡以60km/h（37英里/小时）的速度行驶的车辆将比在5挡以相同速度行驶的车辆多消耗25%的燃油。尽可能使用较高的挡位，会降低车辆的发动机转速，既节省燃油又减少发动机磨损。

（2）避免过多怠速　怠速状态每加仑/升燃料行驶里程为零。发动机较大的车辆在怠速下比发动机较小的车辆消耗更多的燃油。因此，当行驶中停留超过几分钟时，一定要关掉发动机，这样有助于降低油耗和二氧化碳排放。

（3）使用巡航速度　在高速公路上使用巡航速度，有助于保持恒定行驶，在大多数情况下，将降低油耗。

（4）定期维修车辆　保养不良的车辆比保养良好的车辆对环境的污染要严重得多。事实上，研究表明，高达50%的污染是由10%～20%的汽车造成的。

（5）瞬时起步 在起步前让发动机运转预热至最佳工作温度，但不应停过长时间，否则会导致有害排放物增加。相反，应尽快起步（首先确保车窗没有结冰和凝结物），但应缓慢行驶，直到发动机达到正常工作温度。

（6）平稳驾驶 提前做出判断，以避免过度刹车和加速。平稳驾驶可以将汽车的燃油效率提高30%。

（7）避免攻击性驾驶 咄咄逼人的驾驶习惯（超速、快速加速和制动）会浪费燃油。在高速公路上行驶可将油耗降低33%，在城镇周围可降低5%。平和的驾驶对驾驶员、乘客和其他道路使用者来说也更安全，因此节省的不仅仅是油钱。

（8）遵守速度限制 每辆车在不同速度（或速度范围）下达到最佳燃油经济性，每英里/千米的油耗在车速高于95km/h（60英里/h）时迅速降低，如图7-3所示。

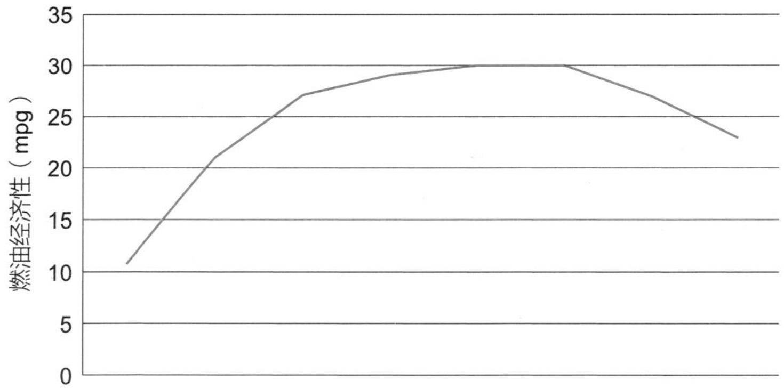

图7-3　车速高于95km/h时最佳燃油经济性下降

（9）监控燃油和能源消耗 定期检查和监控燃油和能源消耗将确保车辆在公司使用周期内保持燃油效率。

（10）减轻负荷 不要携带不必要的物品或负荷，特别是较重的物品。额外的重量会增加油耗和排放。据估计，一辆车减少45kg（100磅）的重量可以减少2%的油耗。这种减少是基于额外重量相对于车辆重量的百分比，对小型车辆的影响大于大型车辆。这就是使用较薄标签材料对运输和配送的碳足迹产生积极影响的原因。

如果差旅中不需要车顶行李架，请将其拆下，因为行李架既增加了重量，又增加了空气阻力。

（11）确保定期进行日常维护 定期检查机油和水位，检查轮胎压力和胎面花纹深度。据估计，公路上约有50%的轮胎充气不足，既增加了磨损率，又降低了燃油效率。

7.7 行程优化

7.7.1 车辆路线规划

通过优化运输路线和高效装载，可以减少燃料费用。路线规划软件的使用可以帮助公司通过优化行程来减少销售或交货车辆的燃料使用，并且已经证明可以显著减少二氧化碳排放。

如果公司有一个系统，员工差旅必须经过申请，或者在返回后申请费用报销，公司通常会对差旅申请进行核查，以便让员工更仔细地权衡他们的差旅。一段时间后，员工就可以自己做出更好的判断，并在差旅安排上变得更有效率。

拼车，又称汽车共享、共乘和搭乘，是指多人乘坐汽车、小客车、面包车或其他车辆进行差旅。通过让更多的人使用一辆车，可减少每个人的出行成本，如燃油成本、通行费和驾驶压力。拼车也被视为一种更环保、更可持续的出行方式，因为共享出行可以减少碳排放、道路交通拥堵以及对停车位的需求。

伊利诺伊州罗克福德马丁自动化公司员工的拼车案例如下。

13名马丁自动化公司的员工每周一起拼车5天，驱车56km（35英里）（往返112km）前往公司位于伊利诺伊州罗克福德的总部。两辆车，一辆大的工作面包车可以坐十个人，一辆小的轿车可以承载三个人。每辆车平均行驶效率为8.5km/L（24英里/加仑）。

汽车每天往返使用燃料11.35L（3加仑），以1.08美元/L的价格计算，每人每周燃料费用60美元。对于13个人来说，总成本相当于每周780美元，减去两个人驾驶车辆，因此每周共节省660美元的汽油。

每个参与者每天节省112km，13个人相当于1456km（910英里），减去两辆车必要的里程数，因此每天节省1240km（770英里）或每周节省6200km（3850英里）。参加者按统一费率，费用包括汽油费、车辆定期保养费和必要时的新车购买费。

根据网站www.carbonfootprint.com，以8.5km/L（24英里/加仑）为标准，每天节省1240km（770英里）的驾驶里程，相当于减少0.28t二氧化碳排放。图7-4是马丁公司参与拼车的员工。

图7-4　马丁汽车公司的拼车每天减少0.28t的二氧化碳排放量

7.7.2 与供应商和客户合作

除了本公司员工外，还可以与供应商和客户合作，通过优化交货和使用更少的包装，帮助在生产运营中实现节能环保。

鼓励供应商提供散装材料，如果可行，减少包装使用，并回收包装，以供重复使用或再循环。如果能在燃料和排放方面有所节约，那么这些措施将是值得的。

如果可能的话，在运送货物给客户时尽可能使用较少的包装，这将有助于实现减少排放和燃料消耗，同时减少包装废弃物。

重要的是，标签加工商与供应商和客户谈论交货和接收时，包装“废弃物”应沿着与配送相同的路径回收。例如，杜邦公司为其客户推出一项包装和版材回收计划，收集空箱纸板用于重复使用，还收集各种类型的版材，以便妥善处理。

毫无疑问，这样的共享回收计划将成为企业供应链中的规范，因为每个参与者都在寻找替代的废弃物处理渠道，并开始挖掘废弃物的价值：回收、升级回收、降级回收，以及废弃物管理政策所采取的各种渠道。

供应商采用此类系统应包括在第8章所述的供应商系统中。

7.7.3 驾驶员培训和教育

目前市场上有许多驾驶员教育和培训项目，旨在帮助公司驾驶员以更省油的方式驾驶车辆，这非常值得考虑。许多方法已经证明在降低油耗、提高驾驶技能和安全性方面是有效的。

7.7.4 叉车使用

随着温室气体和废气排放日益受到关注，健康和安全法规要求工作场所内达到最高安全水平，叉车或其他动力卡车的绿色证书是主要的考虑因素。近年来，清洁内燃机驱动叉车的设计和废气排放控制方面取得了重大进展，但越来越多的公司正在为叉车或其他装卸卡车寻求环境友好的燃料来源。

当然，在购买新的叉车或其他类型的厂内卡车时，应首先考虑使用目的，并在可行的情况下，将柴油或汽油驱动的叉车替换为“更环保”的、排放效率更高的车型，可以是电动叉车或压缩天然气（CNG）叉车。下面给出有关这些可能选项的更多信息。

天然气被许多人视为世界上最清洁的化石燃料，在过去10年左右的时间里，以压缩天然气为动力的可升降叉车和其他工业卡车的销售一直在稳步增长。天然气所含有害污染物比其他燃料少得多，超过所有现行和预期的室内外空气质量标准的要求。

压缩天然气可显著减少空气污染，因为它产生的烟雾、气味或二氧化碳排放量很少。此外，一氧化碳排放量和其他碳氢化合物废气也大大降低。实际上压缩天然气几乎不含会造成空气污染的铅、硫颗粒物和芳香烃。

简单地说，这意味着CNG动力叉车的废气排放量非常低，叉车可以在建筑物内外使用，而不会给员工带来危险，也不会造成不愉快的工作环境。此外，性能特点和运行成本也优于传统的液化石油气（LPG）和电池供电的替代品。

7.7.5 远程信息处理系统

迄今为止，评价公司汽车和运输车队的燃油经济性工具之一，即所谓的“驾驶室间谍”远程信息处理系统，能够优化路线并报告车辆和驾驶员的燃油性能。这在小型汽车、厢式货车和卡车车队的实际使用情况还不太多，管理者无疑对司机的隐私更加敏感。专业卡车司机是有偿驾驶的，对驾驶员提出要求在情理之中。但公司汽车或货车司机可能需要通过劝说才能同意安装远程信息处理系统，即使法律将公司的汽车视为工作场所。

到目前为止，尽管存在进行高水平监测和控制的能力，但只有少数汽车和厢式货车车队解决了车内技术问题。安装成本和驾驶员反对通常是最常见的问题，大家都认为远程通信在某种程度上有点出格。大多数管理者需要的仅仅是一个简单、廉价的系统，具备行程和燃油监控基本功能，但当公司/货车驾驶员都同意使用远程信息处理技术时，成本和排放效益就会相当可观。

无线汽车/货车车辆管理系统（例如直接连接到车辆发动机计算机的Networkfleet）可以提供每辆车的精确油耗、里程、速度和怠速时间等信息。这种信息对于公司车辆实现更环保的运营至关重要。目前市场上另外一个管理系统可以识别燃油消耗量和二氧化碳排放量过大的车辆和驾驶员，根据当地速度限制分析车辆行驶速度，检查未经授权使用车辆的里程数，确定符合实物税法规（如适用），并确定车队空转成本。

另一个系统通过红色、琥珀色和绿色的小液晶灯向驾驶员提供关于驾驶性能的持续反馈，在每次行程结束时发送短信，并通过密码保护网站提供详细的驾驶技能和安全分析。在英国T-Mobile公司的使用中，该系统为公司实现显著的燃油节约，并减少了60.2t二氧化碳排放，同时也降低了碰撞成本。

Livetrak公司最近推出的Pay-As-You-Go系统对车队来说很有意义，但据称只适用于一辆货车或汽车。该系统提供按月租赁协议，安装费用低（约160美元/110欧元），提供高端实时跟踪，识别车辆位置、移动速度和最佳路线，并提供报告和警报，如超时使用、行程记录、超速警报、里程记录、保养记录等。

标签行业是否已经准备好使用远程信息技术还未确定，特别是当公司汽车、货车和卡车相对较少时，这项技术还有待发展。随着技术成本的不断降低，燃料价格的不断上涨，减少二氧化碳排放的要求也不断提高，远程信息处理系统可能会成为标签加工商的考虑因素。

7.8 制定加工商交通和差旅政策

虽然标签行业在环境和可持续发展领域开展过深入研究，这已在本书中阐述，但公司汽车、轿车、卡车和工业车辆的燃油效率和减少二氧化碳排放的话题迄今很少受到关注，加工商大部分精力都集中在材料使用、废弃物管理和精益生产方面。然而，碳排放的很大一部分来自差旅和交通，包括公共交通和工厂内部交通。

本章的目的是解决信息和指南缺乏的问题，并为加工商制定关于运输和差旅的政策，以供有环保意识的标签加工商使用。

当然，大多数标签加工商和行业供应商最终都期望制定差旅和运输的环境政策声明和行动计划。为了帮助这些加工商，本书起草了一份关于差旅和运输的指导性政策声明，加工商可以直接使用或根据公司运营修改使用，这取决于他们使用的公司汽车、货车、工业机械等。

交通运输环境政策

通则

对公司差旅、燃料支出、行驶里程、使用的车辆类型及其排放水平、差旅时间和改进内燃机工作实践进行定期审核。

采取的具体措施：

①推出驾驶员教育和培训计划，以鼓励更省油的驾驶技术；

②安装定期测量和记录运输碳排放量的系统；

③记录驾驶员的里程和燃油消耗，并定期设定减排的年度目标；

④目标是在更换或投资新的公司车辆时购买同类车型中最省油的车辆；

⑤不断评估和研究燃料的新发展及其对排放量，并据此修订公司政策；

⑥与供应商和客户合作，尽可能优化交货和减少包装，从而提高燃油效率；

⑦引入更有效的路线规划，以减少销售和送货车辆的燃油消耗；

第 8 章

零售商和最终用户注意事项

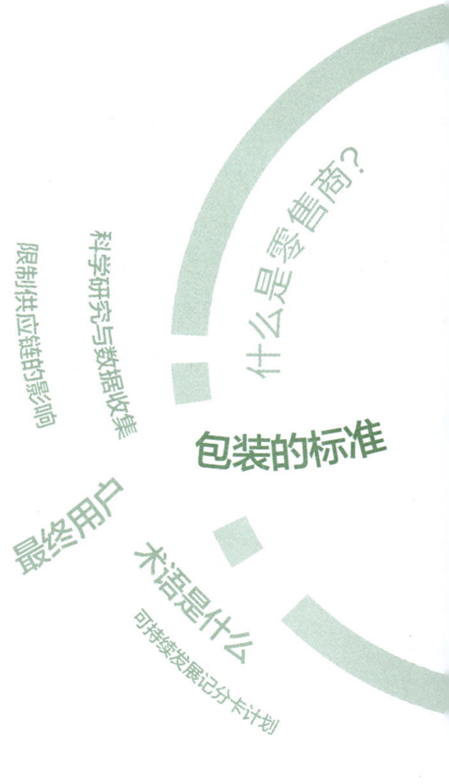

全球快消品公司、零售商、非政府组织、大学、包装和标签加工商、原材料和加工材料供应商联合起来，利用共同的专业知识迎接地区和全球性的可持续性挑战，如解决共识和度量标准等问题。由此，国际标准组织（ISO）、可持续包装联盟（SPC）、全球包装项目（GPP）和可持续发展联盟（TSC）等组织自2009年以来迅速获得认可。

每个组织都在努力解决人们日益担心的问题，即由于各利益相关者对可持续性行动沟通不足以及缺乏共同或统一的标准而导致的供应链效率低下。

尽管2009年在哥本哈根举行的联合国气候峰会被认为是一次失败的尝试，但面向消费者的全球商界领袖、各国政府和非政府组织，包括现代消费者，在社交媒体的帮助下，已经敏锐地意识到这次会议的真正影响，以及未来5年内全球经济迅速向低碳经济迈进的趋势。在这次“高压会议”上，产品包装和配送被确定为全球供应链中产生碳足迹的主要领域之一，因为包装和配送是保证所有贸易商品和产品从原料提取、制造、运输到销售等环节完整的关键。

全球的品牌商要将产品送到消费者手中，都需要依赖于运输，他们正在认真评估供应链，以找到可以快速减少能源消耗、废弃物和碳排放的领域。全球管理咨询公司埃森哲（Accenture）可持续发展主管Peter Lacy在www.businessweek.com上发布了他对气候峰会的评价，并强调了联合利华首席执行官Paul Polman和可口可乐首席执行官Muhtar Kent的参与。

Lacy的报道中提到，Muhtar Kent曾说：“我们相信，在供应链和可持续发展领域将出现大规模创新。我们相信，在一个重新定位的世界里，供应链可以成为提供竞争优势的巨大源泉。”

那么这对标签加工商或包装印刷商意味着什么呢？包装行业

已经认识到，这需要充分协调价值链每个利益相关者的可持续行动，制定一套共同的或统一的标准，以提升材料的运输效率，改善供应链沟通并提升自动化水平，从而避免混乱、冗余和潜在的低效率。

如第6章所述，早在1998年，欧洲就讨论将生命周期评价（LCA）作为评估包装及其对环境影响的方法。全球零售商、快消品公司及其供应商也一直非常重视生命周期评价的重要性，并希望在贸易领域建立更多的闭环包装系统。

这意味着，无论采用哪种产品装饰（压敏标签、收缩标签、涂胶标签等）或印刷工艺，包装行业都要对标签结构进行生命周期评价。标签生命周期评价的关键点在于标签与各种产品包装一起回收的能力，以及标签与当前和未来的回收基础设施的兼容性。因为在全球所有市场中，工业固体废弃物的高回收率将大大减少其在供应链中的环境足迹。

本章将详细介绍包装行业在“可持续包装”方面采取的行动，旨在预测标签和包装印刷行业未来几年的发展趋势。读者应该会注意到，尽管全球有各种组织和多种标准，但各方都在为一个共同的目标而努力。在本章的最后，我们附上一个环境管理供应链系统的大纲，或供应商可持续性模块，可以作为一个模版来创建个性化的供应商评估系统，这适用于任何加工行业。表8-1列举最近20多年可持续包装/贴标发展的时间表。

表 8-1　可持续包装 / 贴标发展时间表

年份	事件
1998 年	欧洲首次讨论 LCA 作为评价包装及其对环境影响的方法
2000 年	《欧盟包装和包装废弃物指令》颁布
2001 年	BRC/IOP 全球标准（食品安全）颁布

续表

年份	事件
2005 年	可持续包装联盟定义可持续包装概念
2006 年	TLMI 组织环境最佳实践工作组
2007 年	沃尔玛推出包装记分卡
2008 年	沃尔玛宣布将启动供应商可持续发展计划 TLMI 启动项目 LIFE（环境标签倡议）PAS2050，被公认为第一个碳标准
2009 年	沃尔玛推出供应商可持续发展计划 哥本哈根联合国气候峰会召开 ISO 召开第一次可持续包装标准会议——SC4 成立 SPC 发布框架 1.0 版 GPP 发布包装和可持续性全球共识
2010 年	宝洁推出自己的供应商记分卡 巴西政府颁布固体废物政策 PNRS
2011 年	TLMI 宣布 25 家获得 LIFE 认证的会员 美国包装和环境研究所成立 GPP 公布全球共识试点测试结果 沃尔玛在 PMDC 举办第二届标签废弃物峰会 加拿大管理税颁布（PET 热成型）
2012 年	SPC 试用 How2Recycle 标签在美国获得成功，ISO 同意更新包装和环境标准 所有印刷包装部门的环保意识不断提高并采取积极行动
2013 年	环境问题成为欧洲标签展举行的 L9 年会上的主题 软包装与刚性包装的 LCA 比较 新的自粘标签推出，解决 PET 回收兼容性问题
2014 年	欧洲在离型底纸回收方面取得进展，美国的工作仍在继续，努力克服数量和物流问题
2016 年	SPC 希望大多数消费品包装使用 How2Recycle 标签

8.1 全球包装标准与组织

8.1.1 ISO 可持续包装标准

2009年12月初，瑞典斯德哥尔摩迎来约70名包装代表，与ISO领导人会面，为国际可持续包装标准制定框架。来自美国、中国、日本、韩国和11个欧洲国家的代表出席了会议。

ISO成立了一个小组委员会——SC4包装和环境，隶属ISO技术委员会TC 122，负责制定与包装相关的所有标准（ISO TC 122/SC4）。SC4一直与负责制定ISO环境标准的ISO TC207密切合作。SC4设有两个秘书处，分别是瑞典标准协会和中国标准化管理局。

SC4的主席由国际管理顾问公司AliaXion AB执行董事Anders Linde担任，任期至2015年底。Linde曾任欧洲和英国包装和环境工业委员会（INCPEN）及欧洲内部市场委员会（European Internal Market Committee）主席，现任欧洲标准化委员会废旧包装材料回收委员会（CEN Committee on material recycling of used packaging）及欧洲标准化委员会（CEN Committee on LCA for packaging）主席。

目前有20个国家参与了ISO TC 122/SC4指令的制定，包括阿根廷、比利时、约旦、肯尼亚、印度、泰国和韩国。

预计ISO-TC 122 / SC4标准将以CEN（欧洲标准化委员会）制定的现有欧洲包装和环境标准为基础。而欧洲标准化委员会的标准将与欧盟包装和包装废物指令以及亚洲环境意识包装指南密切关联。ISO SC4包装和环境标准见图8-1。

这一发展对北美标签和包装制造商产生重要影响，因为制造商对许多内容并不熟悉，这个“保护伞标准”的内容将会对北美制造商提出更多要求。

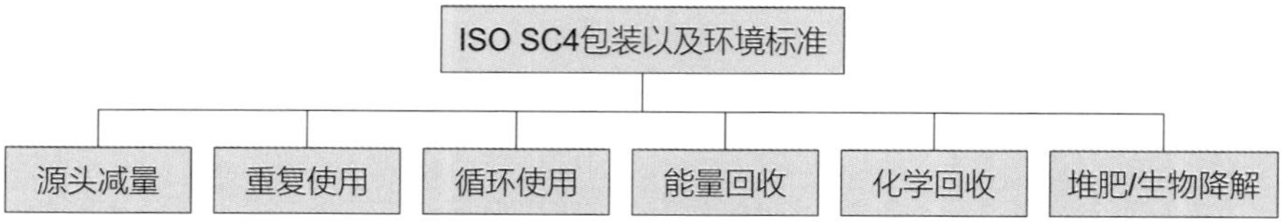

图8-1 ISO SC4包装和环境标准

代表们随后在北京（2010年）和东京（2011年）举行国际会议，并于2011年5月在亚特兰大宣布，ISO SC4已通过了在欧洲制定的国际标准草案。

报告说，国际标准化组织建议制定六项标准，分别涉及源头减量、重复使用、循环使用、能源回收、化学回收、堆肥和生物降解六个方面，接着在第二年测试这六个标准，并在2012年第二季度最终颁布标准。

8.1.2 欧洲包装与环境协会（Europen）

Europen是业务涵盖包装和包装产品领域的泛欧洲工业和贸易协会。Europen积极支持ISO的发展，其成员包括美赞臣、宝洁、可口可乐、蒙迪包装、杜邦、埃克森美孚和希悦尔。Europen认为需要立即制定一套准测，为减少包装对环境的影响制定“全球统一的方法”。

Europen常务董事Julian Carroll说：“包装和环境的全球标准将为所有地区性或地方性的倡议提供基础参考，无论是来自公共部门还是企业，目的都是解决包装的环境问题。我们注意到此类倡议的数量正在迅速增长，特别是在欧洲以外地区。虽然有时这些倡议的目标是截然相反的，甚至不具任何环境意义。正在制定的ISO标准可能成为所有地区、国家甚至地方包装法规所急需的基准。”

8.1.3 美国包装与环境协会（Ameripen）

Ameripen是由许多欧洲国家跨国公司在2011年春季帮助美国同行成立的

一个环境包装组织。和Europen相似，Ameripen是一个工业和贸易组织，在包装和包装产品领域拥有经济利益。

Europen和 Ameripen都鼓励以科学为基础的决策，但不要求采用生命周期评价，提倡更可持续的生产、配送和消费，并将努力制定公共政策，支持教育和对外服务。

Ameripen创始成员于2011年6月召开第一次成员会议，可口可乐公司、高露洁棕榄公司、康尼格拉食品公司、陶氏化学公司、杜邦包装和工业聚合物公司、家乐氏公司、美德维实伟克公司（MWV）、宝洁公司、希悦尔公司、利乐公司参加了此次会议。

8.1.4 EN13432 包装标准——可生物降解和可堆肥标准

根据《欧盟包装和包装废弃物指令（94/62/EC）》，2000年欧盟颁布了“EN13432包装：通过堆肥和生物降解回收包装的要求”标准。许多欧盟成员国的国家标准机构都采用了该标准，英国标准机构将其称为BS EN 13432。

经BS EN 13432认证的包装和产品被视为可接受的商业堆肥材料，并符合BSI PAS 100和优质堆肥协议（Quality Compost Protocol）。最终验收是基于以下因素：包装、包装材料、回收、废弃物处理、堆肥（废弃物）、废弃物处置、废弃物回收、生物可降解材料、生物可降解性、降解、化学成分、有毒物质、性能测试、合规、验收（批准）、生物分析和测试。

8.1.5 BRC/IOP 包装标准—食品安全

英国零售商协会（BRC）在1998年通过《BRC全球食品标准》解决了英国的食品安全问题，该标准要求所有零售商采取一切必要的预防措施，确保在食品生产、配送、促销和销售中消费者的安全。

BRC随后于2001年10月与美国包装学会（IOP）联合制定了一套针对包装公司标准的审核制度。BRC/IOP全球标准旨在评估包装制造商遵守食品安全要求的能力，并要提供严格遵守的证明。BRC/IOP包装标准包括两个级别，适用于食品直接接触和非直接接触包装材料。

BRC/IOP全球标准要求制造商实施风险评估、质量管理体系和质量控制、工厂环境标准和人员绩效计划。BRC/IOP包装标准认证现在是许多领先的食品零售商和制造商的基本要求，如玛莎百货、Sainsbury's、西夫韦（Safeway）和乐购。

通过BRC/IOP食品包装标准认证的加工商和包装商可以使用相同的跟踪和记录方法，以及本章最后提供的供应商可持续性模块，来开发适合自己的环境管理供应链系统。

8.2 术语标准化

8.2.1 可持续包装联盟（SPC）

可持续包装联盟是一个基于会员的跨行业供应链利益相关者团体，他们在各种项目上合作，共享优势和经验，建立闭环包装制造系统。SPC是美国GreenBlue旗下的一个组织，GreenBlue是一个致力于可持续发展的501（c）（3）非营利组织，由一个九名成员组成的执行委员会领导，并向SPC提供技术和管理支持。

许多标签加工商、包装印刷商及其供应商都是SPC会员，包括Fort Dearborn、Multi-Color Corporation、AET Films、艾利丹尼森、国际纸业、艾司科、INX International、Klockner Pentaplast、Innovia、埃克森美孚、

巴斯夫、杜邦和陶氏化学、宝洁、贝米斯、玛莎百货、耐克、康尼格拉、雅诗兰黛、星巴克、塔吉特、联合利华、安科、莎拉·李、SC. 约翰逊、SAB. 米勒和通用磨坊。此外，密歇根州立大学、罗切斯特理工学院和西密歇根州立大学也都是SPC会员。

为建立基本框架，促进真正的闭环包装生产，SPC于2005年跨出第一步，完成可持续包装定义1.0版。这个定义是统一“可持续包装”概念的第一步。SPC对可持续包装的定义包括八个要素：

①在整个生命周期中对个人和社区有益、安全且健康；

②性能和成本均符合市场标准；

③使用可再生能源进行采购、制造、运输和回收；

④优化使用可再生或可回收的原材料；

⑤采用清洁生产技术和最佳实践制造；

⑥由健康材料制成，任何时候都对人体无害；

⑦以优化材料和能源为目标进行设计；

⑧在生物和/或工业闭环循环中有效回收并利用。

SPC的定义被整个包装行业广泛采用。

这一概念的广泛认可使得SPC有信心进一步制定可行的国际标准和体系，通过共同认可的系统提升供应链的效率。随即SPC开展了名为“框架项目”的工作，以便其会员以此：

①作为跟踪其内部环境工作的工具；

②作为实施符合SPC可持续包装定义的环境标准指南；

③建立一些标准术语。

经过近两年对50多个既定指标体系的研究和分析，以及与美国联邦贸易委员会（FTC）的合作，并遵循FTC的绿色指南定义，2009年4月，SPC向成员发布了可持续包装指标和体系框架1.0版，并于2009年12月对外发布。

该框架项目的经理Ann Bedarf说，框架帮助企业评估在SPC定义的可持续包装方面取得的进展，并对企业的评估方法进行规范。

8.2.2 全球包装项目（GPP）

全球包装项目是消费品论坛的一项倡议，旨在将供应商对包装可持续性的评估标准化，供品牌商和零售商使用。消费品论坛于2009年6月由国际食品零售连锁委员会（CIES）、全球商业倡议（GCI）和全球CEO论坛合并而成。GPP由董事会负责管理。

零售商和产品制造商共同建立了GPP，希望确定一种通用的方法来衡量包装环境和可持续性的改善，以实现跨国界、多层次的使用、理解和有效性。卡夫食品（Kraft Foods）和乐购（Tesco）的可持续发展、质量和包装主管担任该集团的创始主席，家乐福和可口可乐的首席执行官目前担任董事长。

GPP确定的一个关键原则是，包装的可持续性不能用一个指标来衡量，例如能耗的减少或固体废弃物的减少。GPP还同意，用于衡量可持续性的指标需要基于生命周期分析法。

在欧洲品牌协会（AIM）、CIES、GMA和食品营销协会的指导下，一个由成员公司代表组成的工作组制定了衡量包装可持续性的指标定义和共同原则，即包装可持续性的全球共识：包装行业的框架和评价体系。GPP就可持续包装的通用定义和原则达成一致，如图8-2所示。

图8-2 GPP就可持续包装的通用定义和原则达成一致

主要创始参与者包括：SPC、联合利华、雀巢、杜邦公司、GMA、Quantis、欧洲包装与环境协会、索比、卡夫食品、乐购、汉高、GS1、FMI、沃尔玛、GreenBlue、宝洁、消费品论坛、罗切斯特理工学院和联合利华。

8.2.3 全球标准的统一

SPC的框架指导方针更多的是作为一个内部评估系统，用于公司使用任何与特定业务最匹配的测量单位以满足其对可持续包装的定义。GPP更关注协调具体指标，即单位体积或单位重量，以便零售商及其供应商在全球运输产品时使用相同的“绿色”经济共识。目前GPP正在审查哪些单位最适合标准测量。

GPP的定义和规范反映了ECR欧洲、Europen、GMA和SPC推出的指标框架对包装和可持续性的统一指导。

GPP指标的试点测试始于2010年上半年。该组织计划在2011年底发布一份报告，详细说明全球共识在现实商业环境中的含义和可用性。

SPC在过去一年里一直严格执行GPP试点测试流程，并计划在2012年将反馈纳入指标框架2.0版，以便与GPP通用任何指标和度量在语言、数据请求和收集指南以及参考测试标准和协议方面都是一致的。GreenBlue在GPP董事会有两个席位。在可持续的背景下，这些合作有利于对包装的环境、社会和经济特性做出一致且有效的评估。

虽然SPC的指标和指导方针没有明确说明标签及其结构，但GreenBlue顾问表示，他们正在收集外包装材料的有关信息，希望为成员创建一个包括这些信息的优先列表。压敏标签及其多层结构以及收缩套筒标签，特别是装饰容器所消耗的能量都将排在列表首位。可持续包装标准共识和指标的协作组织如图8-3所示。

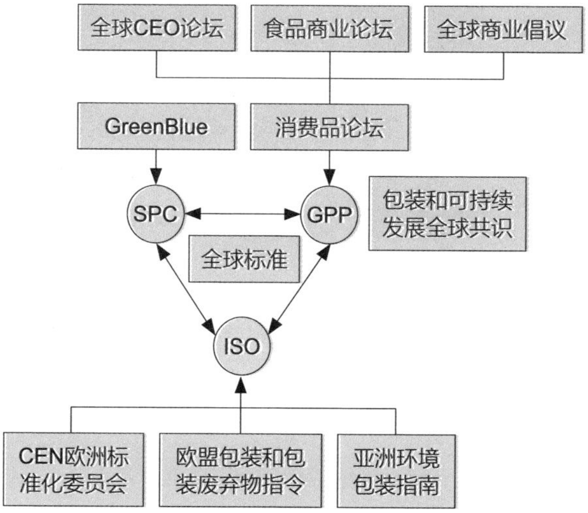

图8-3 可持续包装标准共识和指标的协作组织

8.3 供应商可持续发展记分卡计划

8.3.1 沃尔玛包装记分卡

2006年9月，沃尔玛公司推出了包装记分卡与可持续性指标。公司解释说，制定记分卡的主要目的是实现到2013年全球供应链包装减少5%的目标。沃尔玛包装记分卡指标如下，总计为100%：

①15%温室气体排放；

②15%材料价值；

③15%产品/包装比；

④15%立方体利用率；

⑤10%运输；

⑥10%回收含量；

⑦10%回收价值；

⑧5%可再生能源；

⑨5%的创新。

最初，记分卡只提供给几千家自有品牌供应商，但最终该计划在2007年2月与60000多家供应商共享，试用期为一年。2008年2月，沃尔玛正式推出了包装记分卡（Packaging Scorecard），帮助美国买家使用这些指标来影响他们的购买决策。零售商的影响力计分卡已经在加拿大和墨西哥推出。

这项计划首先证明有助于减少废弃物，有助于减少垃圾填埋或焚烧。沃尔玛公司称，在2009年至2010年，计分卡计划减少至少64%的固体废弃物直接进入垃圾填埋场。尽管如此，为实现其雄伟的可持续发展目标，沃尔玛仍有许多工作要做：

①到2025年实现零废弃物；

②到2025年实现包装碳中和；

③100%使用可再生能源；

④销售更加可持续的产品。

在意识到通过切实的供应商数据库所实现的环境和成本节约后，沃尔玛很快宣布，正在制订供应商可持续性评估计划，以便：

①提高供应链的透明度；

②建立一个主数据库，用于评估产品的可持续性；

③推动产品创新；

④向客户提供根据环境影响进行有效评估和选择产品所需的信息。

沃尔玛可持续发展指数于2009年7月推出，首先发布了一份针对15个问题的简短调查，调查范围扩大到全球10万多家供应商，以评估他们公司的环境足迹。这些问题集中在四个领域：能源和气候、材料效率、自然资源以及人和社区，涉及水的消耗和固体废弃物。因此，标签加工商必须通过“可持续性记分卡”评估其生产所需的材料，通过环境审查来评估其供应商，并使用全球标准化工具，如新的“温室气体核算体系公司价值链（范围3）审核及报告标准”，来衡量其运营的环境足迹。

沃尔玛制定一系列称之为可持续价值网络（SVN）的功能，使其能够与非政府组织、供应商、工程师和大学进行定期沟通和协作，以制定新的解决方案，帮助实现这些环境倡议。

可持续价值网络包括：温室气体、可持续设施、物流、废弃物、包装、木材和纸张、农业和海产品、纺织品、珠宝和化学品。

随着加拿大和美国呼吁对PET容器标签使用的可循环黏合剂进行评估，供应商记分卡将继续拓展，寻求更大的透明度，并要求第三方验证标签的生命周期影响以及与所用容器的回收兼容性。

8.3.2 宝洁公司供应商环境可持续性记分卡

宝洁公司于2010年春季在美国向约400家供应商推出供应商记分卡。Groom Energy公司可持续咨询副总裁Paul Baier认为，宝洁的计分卡和零售商沃尔玛的一样清晰、简单，但他指出了一些不同之处：宝洁的计划是基于绩效的（每个产出单位的实际结果），明确强调供应商每年的改进，而沃尔玛是以目标为导向。沃尔玛要求获得采购政策、第三方认证和社区参与方面的信息，而宝洁则没有。该观点于2010年7月发布在GreenBiz.com上。

宝洁围绕可持续发展的三个目标是：

①加强供应链协作；

②改善关键环境指标；

③鼓励分享想法和能力，为消费者提供更可持续的产品和服务。

记分卡用于评估供应商的总体环境足迹，并鼓励通过年度评价来改进能源和水的利用、废弃物处理和温室气体排放。2011年记分卡进行了更新，将第一年使用中学到的最佳实践纳入进来。

8.3.3 欧莱雅 PIQET

欧莱雅美国于2011年5月推出可持续包装记分卡，对产品包装的生命周期进行可持续性评估。现在，所有的新产品都要经过包装评估，包括PIQET（Packaging Impact Quick Evaluation Tool），评估基于7个标准：使用生物塑料、循环回收材料、经过认证的纸板、轻量化技术、不含PVC、包装体积和内包装尺寸。作为一种简化的工具，PIQET通常用于确定全生命周期评价研究中的投资并确定其优先级。

PIQET是一个基于Web的产品包装生命周期分析工具（见第6章），由位于澳大利亚悉尼的可持续包装联盟开发，帮助包装设计师和制造商在关键设计阶段评价、审查和减少包装对环境的影响。

8.3.4 艾利丹尼森 Greenprint

艾利丹尼森Greenprint采用用户友好的方式，在产品生命周期的不同阶段确定产品的环境足迹。该工具提供了六个类别（化石材料、树木、水、能源、温室气体和废弃物）的环境影响数据，并允许产品经理、技术人员和设计师根据环境影响快速评估设计和材料选择。

艾利丹尼森Greenprint让品牌商和客户能够切实了解其包装和产品选择的环境影响，并为“生态”营销宣传提供可量化的支持。2010年，艾利丹尼森下属零售品牌和信息解决方案公司（RBIS）首次使用Greenprint，RBIS是为美国和欧洲主要零售商以及许多世界知名服装品牌生产标签和吊牌的主要公司之一。

艾利丹尼森特种材料业务已经开始使用Greenprint，并将对其进一步改进，以便能够更广泛地应用于标签和包装材料。

8.4 科学研究与数据收集

生命周期评价（LCA）可以追溯到20世纪60年代，当时人们开始意识到地球资源并非是无限的。1969年，可口可乐公司对产品包装进行了第一次生命周期评价，当时可口可乐希望对饮料容器进行评估，分析哪种设计对环境和供应链的影响最小。Europen于1998年首次讨论生命周期评价，此后发表了许多关于包装生命周期的研究论文。国际标准化组织（ISO）从1997年到2002年在ISO14000系列中制定了生命周期评价标准。

Europen同意，LCA可以用作决策支持工具，而不是决策工具。进入21世纪，全球包装界普遍认为，LCA给环境改善带来价值，因此合作建立一个共同的体系，以简化产品和包装评价流程，优化供应链的灵活性和产品运输，从而减少行业的碳足迹。

开发有效的产品生命周期信息数据库的唯一有效途径是通过合作和实际研究，可持续发展联盟（TSC）是来自世界领先的学术研究机构的科学家和工程师组成的独立团体，他们正在研究消费产品在生命周期各个阶段的指标。TSC与来自非政府组织、政府和相关行业的资深研究人员通力合作。

沃尔玛为TSC提供了研究启动资金，同时也积极鼓励其他零售商和供应商参与，以便该指标能在全行业得到有效应用。研究人员正在使用大量认证指南和产品环境影响相关的生命周期评价数据。

亚利桑那州立大学和阿肯色大学共同管理可持续发展联盟。共同董事是亚利桑那州立大学（ASU）可持续发展学院的Jay Golden博士和阿肯色大学（UA）萨姆·M·沃尔顿商学院的Jon Johnson博士。一旦收集、测试生命周期评价数据并推出指标，零售商、包装商和标签加工商将能够围绕试验数据来调整认证方案。

2009年3月首次TSC会议的与会者包括：3M、碳信托、嘉吉、思科系统、康尼格拉食品、乳制品管理、联合利华、阿肯色大学、谷歌、Patagonia、毕马威、BluSkye、亚利桑那州立大学、美国国家标准协会、利乐、泰森食品、美国环境保护署、加州大学伯克利分校、密歇根大学、蒙特利尔魁北克大学、得克萨斯大学、麦肯锡公司、David和Lucile Packard基金会、Dial Corporation、杜克大学、通用磨坊、GS1美国、IBM公司、英特尔、孟山都、蒙特雷技术中心、斯坦福大学、沃尔玛商店、世界野生动物基金会、全球气候变化研究中心、戴尔、电子工业同业联盟、环境保护基金、GreenBlue、哈佛大学、汉高、惠普公司、微软公司、宝洁、山姆俱乐部、Waste Management、World 50公司。

*粗体显示的名称是参加TSC会议的大学

TSC计划使用Earthster开发的LCA数据分析工具，Earthster是一个免费的、开源的/基于Web的可持续信息平台，由国际生命周期评价机构Sylvatica主管Greg Norris创建，该机构向联合国、美国和各国政府以及各种公司、行业协会、小公司和非营利组织提供生命周期评价咨询。Earthster的创始合作伙伴包括：沃尔玛、Seventh Generation、Per Consulting、利乐、美国环保署、卡特彼勒、Safeway、Stonefield Farm、可持续发展联盟、Georgia-Pacific、Product Ecology Consultants、Owens Corning、Frito Lay 和Tyler Pipe。

Norris是GreenBlue的高级研究员，为SPC及其成员提供LCA指导。他还领导了在第4章讨论的LEED可持续建筑评级系统中实施LCA的方法、建模和软件的开发。

Beta版的Earthster被描述为一个拖拽系统，允许用户轻松计算产品的生命周期成本效益，还可让用户基于行业平均值进行内部基准测试，在不泄露专有信息的情况下向其他用户报告其流程和产品的环境和社会属性。

Norris提倡采用生命周期评价系统（软件、数据库和方法），这些系统将更准确地获取环境信息，使企业更可靠地改善其环境影响，这样做可以实现较好的经济效益，从而在现代商业世界中脱颖而出。阿肯色大学的Johnson博士说，他希望推动Earthster成为全球产品生命周期评价事实上的标准工具。

亚利桑那州立大学（ASU）的Golden博士说，目前，联盟的目标集中在促进企业界的创新，尽管未来的举措可能包括消费者的教育。该组织希望寻找机会，以新的方式与消费者沟通，但这将是几年后的事情。

8.5 “限制”供应链影响——消费者教育

《读者文摘》（*Reader's Digest*）被翻译成20种语言，全.球读者约9000万。2009年4月，《读者文摘》发表了一篇题为《生态检查》（*Eco Check*）的文章，文章说：“很快……我们消费者将从巨大机器上一个无助的齿轮变成一股重要的力量。”文章强调消费者可以借助各种技术了解产品对环境的影响，包括网站和手机应用程序。宝洁公司表示，80%的消费者告诉他们，可持续性非常重要。

零售商和品牌商正在努力告诉消费者，他们希望销售更可持续的产品。例如，沃尔玛已经售出了9.2万条毛毯，这些毛毯是由其巴西沃尔玛回收中心收集的1650万个回收水瓶制成的。

沃尔玛指数、TSC研究和Earthster数据库的最后一步是“以简单、方便、易懂的方式向消费者提供产品信息，以便他们能够做出更可持续的选择和消费”。

这些信息如何传递给消费者还不确定。但毫无疑问，在社交媒体行动中，人们有机会利用手机二维码和智能标签系统，这些系统可以方便地打印在任何产品的标签或包装上，以便按需向消费者提供信息。

沃尔玛总裁兼首席执行官Mike Duke说，沃尔玛指数将带来更透明的供应链，推动产品创新，最终为消费者提供评估产品可持续性所需的信息。如果我们共同努力，我们就能为21世纪制定一个新的零售标准。

8.5.1 包装标签回收（OPRL）计划

2009年5月，英国零售商协会（BRC）推出了包装标签回收（OPRL）计划，目的是告诉消费者包装的哪一部分可以回收。零售商认为，他们的工作是教育消费者如何回收，以帮助提高回收率。随着消费者知识的扩展和零售商对生命周期评价理解的提升，零售商对产品（包括包装）可持续性的需求和压力也会增加。BRC推出的包装回收标签如图8-4所示。

（a）　（b）　（c）

图8-4　BRC包装回收标签

（a）纸板广泛回收　（b）金属确认当地是否回收　（c）塑料目前未回收

OPRL计划得到了废弃物与资源行动计划（WRAP）的支持，WRAP是一家成立于2000年的非营利公司，由英格兰、苏格兰、威尔士和北爱尔兰的政府资助。WRAP以协助英国各级政府实现推进“绿色”经济为目标，2000年至2008年，英国回收和再处理行业规模翻了两番。

Birdseye、Innocent、Henkel、AB InBev、Heinz、Boots、Heineken、Innocent、Kimberly Clark、Molson Coors、葛兰素史克、玛莎百货和WH Smith是参与BRC OPRL计划的一部分公司。这个标签现在应用在60000多个产品线上。按营业额计算，英国超过90%的零售店已经签约，BRC正在鼓励

更多涉足电子、健康和美容、服装和商品销售等各个领域的零售商和品牌商加入OPRL计划。最终目标是使OPRL标签成为全英国所有消费品的标准，并告知消费者哪部分包装在当地可以回收。

BRC包装上用于提示消费者的回收标签包括三类：

①广泛回收——65%；

②确认当地回收——15% ~ 65%；

③目前未回收——超过15%。

百分比表示英国消费者在本地区内回收特定包装材料的能力。对于美国市场，由于许多材料回收的基础设施不足，下面的SPC回收计划标贴系统选择60%作为阈值。高回收率推动一些必需设施的建立，例如，回收计划在英国的快速发展促使包装供应商利乐公司（Tetra-Pak）为其材料建立回收系统，因为利乐不想被贴上“不可回收”的标签。

鉴于回收标签被消费者迅速接受，BRC最近将重点转移到提高公众对该标签的认识和鼓励消费者尽可能多参与回收方面。回收差异，即多少废料能够回收循环利用和实际回收多少之间的差异，对一些材料来说是很明显的。在英国，塑料瓶的循环回收只有不到50%。

英国零售商协会环境主管和OPRL主管Bob Gordon说：“一开始，我们只是想从零售商和制造商那里得到认可，但现在这个标签已经出现在更多的产品上，我们可以将精力重新集中在提高公众意识和改变消费者行为上。”

BRC强调，社会需要确保使更多可以回收的废弃物真正进入回收渠道。为了使大多数闭环包装计划真正实施，消费者适当参与回收是关键。BRC正与地方当局和社区团体合作，提高人们对该标签的认识，并展示参与回收计划所带来的共同和直接的利益。消费者希望被赋予做出正确选择的权利，这个有教育意义的标签正是为了实现此目的。

8.5.2 SPC 回收计划标贴系统

SPC于2007年5月开始其回收计划标贴系统（LRP），使用BRC的OPRL

方案作为模型，在美国和加拿大制定一个可行的系统。项目经理Anne Bedarf解释道："项目的最终目标是通过广泛接受的包装标签向消费者提供一个清晰的可回收信息。"

"2010年，SPC完善了标签收集回收基础设施的数据，并最终确定了标签系统。SPC希望协调从行业到消费者的沟通。为了实现目标，我们必须降低消费者回收的障碍，提高信息的透明度。"

SPC系统把包装分为四类：

①广泛回收——玻璃、纸板、PET瓶；

②有限回收——美国材料回收比例20%～60%，如PP酸奶容器；

③不可回收——回收不超过20%的材料，如泡沫塑料；

④实体店回收——通常由零售商收集用于循环使用，如大型购物袋、塑料薄膜、电池、电脑。

用于创建SPC系统的指标包括：清晰、通用、灵活、可进化、可扩展、启动消费者行为、积极的变革力量。Bedarf说，"我们相信，所有这些都将提高包装回收率和回收范围。预计该项目的成果将从收集的角度展现当前美国回收体系的局限性"。

包装回收项目的领导者意识到，其成功依赖消费者的反馈和定性数据评估。SPC收集成员公司提交的消费者反馈数据，并通过对调查的在线回复收集美国和加拿大按材料和应用分类的可回收性数据。不断向回收商、地方政府和其他利益相关者提供支持。

回收范围和回收率的数据必须收集。回收范围是指回收项目能进入社区多远。回收率是指可能回收的材料的实际回收比例。对于包装标签的研究，SPC认为回收范围数据更为重要。

2012年，SPC推出了LRP的试点项目，新的官方名称为How2Recycle标签，如图8-5所示，并将网站

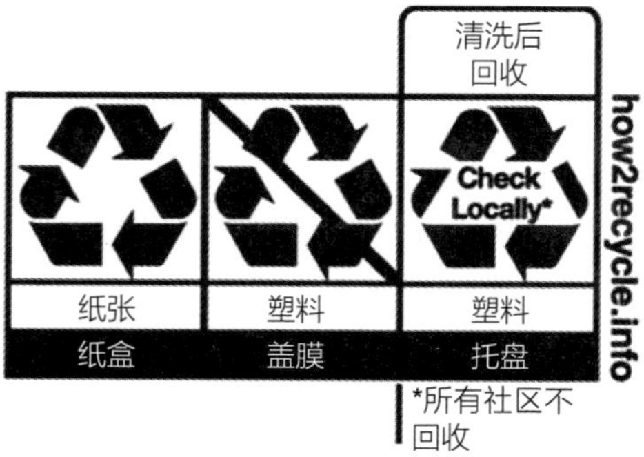

图8-5 How2Recycle标签

How2Recycle.info与有限的受众关联起来。12家公司参与了超过5000万个包装标签的软启动，包括Ampac、百思买、克罗克斯、好市多批发、雅诗兰黛、公司、通用磨坊、凯洛格公司、微软、美汁源（可口可乐）、REI、希悦尔和Seventh Generation。此次软启动在2013年前完成。

SPC的官方软启动报告认为How2Recycle标签能够：

①被消费者理解；

②引导消费者采取行动；

③产品和公司的积极的正面印象；

④满足联邦贸易委员会（FTC）的要求。

如今，有20多家公司参与了推动标签实施的活动，其中包括麦当劳美国、Ecologic Brands、Target、Wegmans Food Markets和金佰利公司。SPC希望标签在2016年之前出现在大多数消费品包装上。

开发和运行一个可靠的、用户友好的、面向消费者的网站将是成功的关键，如www.how2recycle.info。

该项目是围绕ISO14021的框架（也是SPC的基础）以及FTC的环境营销声明使用指南（即绿色指南）开发的。Bedarf说，最重要的是满足FTC的要求，以反映基础设施内准确的标签使用。

《联邦贸易委员会绿色指南》概述了适用于所有环境营销声明的一般原则，并提供了条款和示例，以指导消费者对其购买的产品做出明智的决定。联邦贸易委员会于1992年首次发布绿色指南，并于1998年对其进行了更新。2007年，由于市场上包装出现的环境和可持续性声明激增，该公司再次启动审查。

联邦贸易委员会于2012发布了修订的绿色指南，包括对现有指南的更新和使用碳中和“绿色”认证和封印、可再生能源和可再生材料声明。

联邦贸易委员会认为，诸如可堆肥、可生物降解和可循环利用等术语令人困惑，对培养回收习惯带来负面影响。一些SPC成员参加了在瑞典举行的ISO会议，集中讨论这些术语的定义，以确保标签回收项目与未来ISO定义的术语保持一致。

对于如何开发一个包含不同符号的系统，以及如何解决全球性解决方案出现的冲突时，Bedarf解释说，SPC希望与BRC的工作保持一致，并希望使其成为全球性的系统。

然而，出于公平的原因，制订了两个不同的计划。英国使用的符号和美国不同，美国政府还要求任何与回收有关的都要使用追击箭头符号。此外，SPC希望符号的外观更正式，而这却是BRC有意不遵循的设计原则。

为了提高标签的可靠性和合规性，SPC正密切关注Keep America Beautiful（KBA）和Curbside Value Partnership（CVP）联合项目的动向。他们的目标是提高社区对回收计划的参与。Bedarf指导相关方可访问www.earth911.com，了解各种环境信息资源。CPV活动标识如图8-6所示。

图8-6　路边价值合作伙伴关系（CVP）由铝协会和罐头制造商协会于2003年成立，旨在帮助社区发展和维持其住宅路边回收计划

2008年，KBA在美国回收总计1.89亿个PET瓶，并收集4037万kg（8900万磅）的塑料碎片。SPC、KBA和CVP正在标签和包装行业寻找任何有助于提高回收率的解决方案。也许这个技术就是可循环黏合剂？KBA活动标识如图8-7所示。

图8-7　Keep America Beautiful 是非营利组织，负责教育社区控制垃圾和废弃物管理

可以确定，这些小组完成的工作成果将推动创新。像可口可乐和百事可乐这样的全球制造商都有既得利益，希望看到SPC的LRP等项目取得成功。可口可乐全球包装重量的50%是不可再灌装的PET塑料瓶，而百事可乐全球包装重量的一半是玻璃瓶和塑料瓶。

可口可乐设计的包装可以循环回收，并与世界各地的企业建立合作关系。与英国的WRAP、巴西和哥伦比亚的Cempre密切合作，在东欧和非洲启动了可重复使用的包装瓶项目，并推出回收银行（Recycle Bank）计划，这是旨在提高美国回收率的消费者激励计划。SPC有一个工作组，负责联系世界其他主要地区的包装价值网络。收集的信息包括范围、受众、目标地区

和语言、本地化教育、交付货机制、培训师培训、设施需求、时间表和预算等。调查表明，中国、中国香港、印度、新加坡、墨西哥和南美洲是感兴趣的地区。

随着领先的国际企业寻求竞争优势，更多的可持续标签和包装技术必将推动全球供应链和废弃物回收渠道的改善。标签加工商需要理解可持续包装的统一术语，并遵守全球各地不断推出的包装和环境标准。

希望这本书能为标签行业的发展提供指导，使利益相关者能够积极参与到“绿色化”、提升材料运输效率、实现更好的供应链畅通和自动化，同时降低企业的碳足迹，避免混乱、冗余和潜在的低效率。

显然，随着智能手机和社交媒体的出现，消费者的知识越来越丰富，能力也越来越强。大多数购物者会明智地选择对环境负责任的产品，回馈已经建立有效、透明的价值链并持续改善产品对地球和人类影响的零售商和品牌商。

表8-2所示的供应商矩阵可以用来创建一个评估标签加工商供应链的系统。建立一个基准线，设定目标，记录并持续改进供应商选择流程，以确保在当今可持续发展环境中得到盈利回报。

表 8-2　供应商可持续性矩阵

评估指标		相关问题	评价				
成本		替代材料的价格是否与现有材料相当？顾客会接受涨价吗？	1	2	3	4	5
距离		资源开采、制造、配送离工厂有多远？					
可靠供货		替代材料能否可实现稳定采购？					
性能		材料性能是否符合客户要求？黏合剂性能是否满足使用条件？黏合剂容易洗掉吗？底纸能保证贴标速度吗？					
环境	资源保护	使用多少棵树？多少桶油？能源和水消耗多少？使用多少可再生能源？					
一致性	可循环性	有多少回收系统可以接受目前使用的材料？供应商会对材料进行回收和再生吗？材料的包装是什么？					

续表

评估指标		相关问题	评价				
设计	污染	温室气体排放量是多少？有多少固体 / 危险废弃物？可以改变处理方式吗？怎么处理？					
LCA	能量消耗	每单位面积可售材料消耗多少能源？能降低能源消耗吗？可使用再生能源吗？					
创新	水消耗	每单位面积材料的消耗多少水？系统可以处理污水吗？					
CSR	碳足迹	产品总碳足迹是多少？材料有助于降低产品的碳足迹吗？					
效益		材料性能是否稳定？会降低生产效率吗？					
		可以在不牺牲质量的前提下降低碳足迹吗？					
		与市场上的相同结构的材料相比，产品生命周期评价是什么？					
		该产品如何帮助客户实现差异化？					
		为了实现可持续，供应商在做什么？供应商如何与公司的 EMS 保持一致？					
		产品开发如何提高盈利水平？					
		总计					

注：使用此表格作为工具，为您的业务和运营选择更可持续的材料、流程，提高供应链效率——1 是非常积极的，5 是非常有害的。

术语表

AIM 欧洲品牌协会与CIES、GMA和食品营销协会合作，开发GPP包装和可持续全球共识：产业框架和评价体系。

Ameripen 美国包装与环境研究所是一个位于北美的跨国团队，成立于2011年，旨在促进积极的、基于科学的指导，以确保该地区的包装决策是可获利的、可持续的，会员包括可口可乐、杜邦、宝洁等。

Association of Postconsumer Plastic Recyclers (APR) 消费者后塑料回收商协会 APR协会会员是在美国、加拿大和墨西哥收集、再加工和销售超过90%的消费后塑料加工能力的公司。协会正在与NAPCOR合作，为PET热成型容器建立RCA标准。

Blue Angel 蓝天使标志可能是公认的最严格的再生纸标签系统，该标志要求再生纸至少含有51%的印刷和家庭/办公室垃圾，还需要公司报告在制造过程中使用的能源。

BRC/IOP packaging standard 英国零售联盟食品安全审计系统，与包装协会联合制定。

BREEAM计划 英国建筑研究机构（BREEAM）于1990年建立了BREEAM（BRE环境评估方法）计划，自那时起已在全球范围内认证了10000多座建筑。

BS8900 英国标准BS8900旨在帮助企业制定可持续发展的方法，该方法将继续发展并适应新的挑战和要求。

Building efficiency 建筑效率是资产最大化，降低运营成本，降低能源消耗，提高生产力和工作场所环境和员工安全，同时降低制造碳排放量。

Carbon Reduction Label Scheme 碳减排标签计划，旨在帮助买家/消费者快速了解哪些产品正致力于减少基于生命周期评价的碳足迹。

Carbon Trust 碳信托是一家非营利的英国咨询公司，与英国政府和消费者合作，告知消费者产品使用和碳排放的影响。

CarbonZero 零碳足迹或碳中和，CarbonZero指的通过抵消和平衡在交通、能源生产/消费和工业加工等领域的二氧化碳排放。

CEN 欧洲标准化委员会（CEN）颁布现有的包装和环境标准以及欧盟包装和包装废弃物指令，ISO 14021包装标准（于2012年6月发布）也是以此为基础的。

Closed-loop manufacturing 闭环制造或从摇篮到摇篮的制造，通过在处理阶段的再循环过程将产品对环境的影响降至最低，采用循环材料生产出相同的产品。采用可持续的生产、加工和处理方法，并在很大程度上依赖多个价值链利益相关者的参与。

Common Carbon Metric 公共碳计量，一种全球标准化工具，旨在帮助建筑物业主测量和管理建筑物能源使用产生的温室气体排放。由主要的国家绿色建筑委员会创建，是环境规划署SCNC下的一个项目。温室气体清算体系为制定这一国际计量标准提供了技术资料。

Courtaulds Commitment (CC2) 一项旨在提高资源效率、减少食品零售业的碳排放和环境影响的协议。在该方案中，碳影响测量应基于"（包装和标签）材料的碳影响、有效可回收性和回收成分含量的估计"。WRAP确保许多品牌和零售商签署CC2的第二阶段。

Compass Compass是Comparative Packaging Assessment的缩写，这是一个由SPC与EskoArtwork合作开发的基于网络的工具，允许品牌所有者、设计师和加工商基于生命周期评价和标准化数据比较各种包装结构的环境足迹。

Curbside Value Partnership 由铝协会和罐头制造商协会组成的路边价值伙伴关系，以帮助社区发展和维持其住宅路边回收计划。

Cradle-to-grave 从摇篮到坟墓的制造着眼于产品的生命周期，从提取到填埋或焚烧处理。没有回收再生或重复使用阶段。这就是传统制造业生产产品的方式。

Design for Sustainability 可持续性设计（D4S）或可持续产品设计 是全球公认的公司提高利润率、产品质量、市场机会、环境绩效和社会效益的方法。

Downcycle 降级循环，是指将制造材料（即塑料、金属、纸张）分解，再加工成价值较低的材料或产品。

Earthstar 地球之星，是一个免费的、基于网络的可持续信息平台，由信息生命周期评估机构Sylvatica主管Greg Norris创建。

Eco-efficiency analysis 生态效率分析，比较产品或工艺在其生命周期中的经济和环境影响。

EcoLogo EcoLogo是加拿大政府于1988年制定的环境标准和认证标志，目前已在全球范围内使用。EcoLogo符合ISO14024生态标签标准。

Elemental chlorine free 无氯元素纸，通过使用氧气、二氧化氯或其他化学品而不使用氯气漂白。

Environmental management system 环境管理体系EMS应该是标签加工商整体管理体系的一部分，旨在为公司环境绩效的持续改进提供一个框架。与公司内部可能使用的其他管理系统（如ISO9000或六西格玛）完美地结合在一起。

EN 13432 于2000年被确立为欧盟关于包装生物降解和可堆肥的“欧盟包装和包装废物指令”。许多欧盟成员国的国家标准化机构都采用了该标准，例如在英国，英国标准机构将其称为BS EN 13432。

EU Directive on Packaging and Packaging Waste 1994年欧洲议会和理事会制定的“欧盟包装和包装废弃物指令”，鼓励成员国采取必要措施减少包装废弃物，并开发系统，以重新利用、回收和为包装废弃物带来新价值。

EU Integrated Product Policy 欧盟综合产品政策（IPP）欧盟委员会于2003年就其关于综合产品政策（IPP）的沟通达成一致。IPP鼓励对产品生命周期的每个阶段进行审查，以尽量减少环境影响，以便在最有效地提高可持续性能的地方采取行动。

Europen 欧洲包装与环境组织 Europen是一个多国家的欧洲贸易协会，致力于促进该地区有效益和可持续的包装。成员包括可口可乐、杜邦、宝洁等。

FSC 林业管理委员会 FSC是一个非盈利性组织，鼓励对世界森林进行负责任的管理，并为森林管理提供全球标准，包括环境、社会和经济方面的平衡。

FTC Green Guides 联邦贸易委员会为使用环境营销索赔而制定的绿色指南。概述了适用于所有环境营销主张的一般原则，并提供了一些条款和示例，以指导消费者对其购买的产品做出明智的决定。

Fuel pellets 燃料芯块，生物质燃料芯块可由标签和包装制造过程中回收的材料废料制成，用作替代煤炭的能源。

GHG Protocol 温室气体核算体系，是政府和企业领导人用来测量和管理温室气体排放量的最广泛使用的国际审核工具之一。由世界资源研究所和世界可持续发展商业理事会联合制定的温室气体议定书是全球几乎所有温室气体标准（包括ISO14067）框架的基础。

GPP 全球包装项目，消费品论坛的一项倡议，旨在规范品牌所有者和零售商对供应商进行的包装可持续性测量。

Green Guides 绿色指南，联邦贸易委员会的绿色指南概述了适用于所有环境营销主张的一般原则，并提供了条款和示例，以指导消费者做出明智的购买决策。标签和包装回收项目，以提示在回收设施范围内准确的标签使用。

GHG 温室气体，GHG排放已经成为企业衡量和改善各种环境足迹的方式，例如供应链和产品生命周期。京都议定书中强调的六种温室气体是二氧化碳（CO_2）、甲烷（CH_4）、氧化亚氮（N_2O）、氢氟碳化合物（HFCs）、全氟化碳（PFCs）、六氟化硫（SF_6）。

Greenprint 艾利丹尼森推出的用户友好评价方法，可以提供产品生命周期的不同阶段的环境足迹。该工具提供了六类环境影响数据（化石材料、树木、水、能源、温室气体和废物），并允许产品经理、技术人员和设计师根据环境影响快速评估设计和材料选择。

IPCC 政府间气候变化专门委员会，联合国于1988年成立了IPCC，以评估人类活动引起的气候变化有关的科学证据。IPCC1990年发表的第一份报告指出，人类活动产生的排放物大大增加了大气中的温室气体浓度（二氧化碳、甲烷，CFCs和氧化亚氮），这对地球温室效应增强的贡献超过一半以上。

Intermittent resources 间歇式资源，这些资源是不能连续可用的，能够调度以满足电力系统的需求。这些能源通常被用来替代最常见的化石燃料，包括风、水、地热、太阳能和生物质能。

IPCC方法 联合国政府间气候变化专门委员会确定气候变化影响的方法，见《气候影响和适应评估：IPCC方法》。本出版物讨论了测量全球变暖影响和评估替代适应的方法，对于所有参与研究气候变化、温室气体效应和二氧化碳足迹应用的人都是必不可少的。

ISO14067 国际标准化组织正在制定的一套全球碳标准。基于2008年制定的第一个碳排放标准英国PAS2050，该标准进一步明确了BS EN ISO14040和BS EN ISO14044中的生命周期标准。该标准预计2012年完成。

ISO TC 122/SC4 是ISO技术委员会122下属的SC4包装与环境小组委员会，负责与包装相关的所有标准。SC4与负责制定ISO环境相关标准的ISO TC207合作。

ISO TC 207 负责制定ISO环境相关标准。

Keep America Beautiful 一个非营利组织，教育社区控制垃圾和废弃物管理。

LEED 能源与环境设计领先认证（LEED）是美国绿色建筑委员会（USGBC）于1993年创建的一个绿色建筑评级体系。通过确认五个关键领域的建筑性能来促进整个建筑的可持续性：可持续场地开发、水效率、能源和大气、材料和资源以及室内环境质量。

LIFE TLMI 的环境标签计划（LIFE）是专门为窄幅印刷行业开发的环境管理系统。提供了一个清洁生产技术、减少浪费、改善水和空气污染物以及减少温室气体排放的标准。

Life Cycle Assessment 生命周期评估：一种评估与产品、过程或服务相关的环境因素和潜在影响的技术。国际标准组织（ISO）从1997年到2002年在14000系列中制定了生命周期评价标准，如ISO14040和ISO14044。

Life Cycle Initiative 生命周期倡议 UNEP与环境毒理学和化学协会（SATAC）联合推出的生命周期倡议。

Linerless labels 无底纸标签，使用各种技术的压敏标签，允许自粘材料进行容器贴标时无须使用底纸作为载体。

Marketgate 沃尔玛的可持续包装记分卡建模软件，由ECRM提供。只有第三方审核的条目对其买家可见。

NAPCOR （National Association for PET Container Resources PET容器资源协会）NAPCOR是北美领先的PET容器制造商行业协会，包括PET树脂、PET瓶、PET片材和热成型包装的制造商。NAPCOR正与APR合作，为PET热成型容器建立RCA标准。

Non-process loads 非工艺负荷 通常指维持建筑物正常运行所需的设备，如暖通空调、照明、工艺水加热、电机、风扇等。

OPRL 英国零售联盟推出的包装回收标签（OPRL），告诉消费者包装的哪一部分可以回收。

PAS2050 英国标准协会2008年制定的第一个全球碳标准，该标准进一步明确了BS EN ISO 14040和BS EN ISO 14044中的生命周期标准。规定了评估产品和服务的生命周期温室气体排放量的要求。

PIQET 包装影响快速评估工具是一个基于Web的产品包装生命周期分析工具，由位于澳大利亚悉尼的可持续包装联盟开发。

Plug load 插头负载 任何插入插座的电子设备所消耗的能量，平均占商业建筑能量使用的25%左右。

Politica Nacional de Residuos Solidos (PNRS) 巴西政府于2010年8月颁布的固体废弃物政策。立法将固体废弃物的责任交给生产商，并寻求逆向物流作为减少垃圾填埋的解决方案。

Process chlorine-free 处理无氯纸张的方法 处理循环回收纸张的过程。

Process loads 过程负荷，是建筑物内消耗能源的非必需品（如办公设备、冰箱等）。

Recycle 循环回收，对材料循环再处理，以达到类似的价值和公平的利润和性能。

Renewable 可再生，是一个可再生的过程，能重复实现的过程。

Renewable energy 可再生能源，指自然来源的能源，用于替代化石燃料，如太阳光、风、雨、潮汐和地热。也可以是废弃物产生的能量。2008

年，全球约19%的能源消费来自可再生能源。

SFI 可持续林业倡议，是一个完全独立的慈善组织，致力于促进可持续森林管理。

SPC 可持续包装联盟，一个由供应链利益相关者组成的基于成员的跨行业团体，共同致力于建立一个闭环包装基础设施的各种项目。

Sustainable 可持续性，要想保持可持续性，必须坚持下去，不只是年复一年，而是一个又一个十年，一代又一代，一个世纪又一个世纪。不使用不可再生的化石燃料；不能耗尽淡水或土地；必须使鱼类和其他野生动物的数量至少与开始时一样丰富和多样。

Sustainability Consortium 可持续发展联盟是由领先的学术研究机构组成的独立的科学家和工程师团队，他们正在开发技术以支持消费品在产品生命的各个阶段的标引。

Sustainable Packaging Coalition 可持续包装联盟是一个会员制、跨行业的供应链利益相关者团体，他们在各种项目上合作，利用和分享优势和经验，建立一个闭环包装基础设施，是GreenBlue下属公司。

Sustainable Forests 可持续森林（林场）种植园，种植的树木经过精心设计，可生产高价值纸浆、建筑和家具，同时考虑到周围的人和生态系统、用水和生态修复以及采伐量等重要问题。

Totally chlorine-free 完全不含氯的纸张，漂白时不使用任何含氯化合物。

UNEP 联合国环境规划署致力于改善地球福祉的各种努力，包括生命周期倡议和可再生能源促进。

Upcycle 升级循环，描述了通过将一种或几种材料再加工成更高质量的产品来增加产品的价值。

VOC 挥发性有机化合物，是从固体和液体材料如建筑材料、油墨和溶剂中释放出来的潜在有害气体。

Walmart Sustainability Index 沃尔玛可持续发展指数于2009年7月推出，最初发布了一份针对15个问题的简短调查，现已扩展到全球10万多家供应商，以评估公司的环境足迹。

Waste-to-energy 废弃物转化为能源：回收被认为是“废弃物”的材料，再加工成一种新的形式，可作为化石燃料的替代品，如生物质等。

WBCSD 世界可持续发展商业理事会与世界资源研究所（WRI）合作，开发了温室气体协议，这是政府和企业跟踪供应链和产品生命周期温室气体测量的广泛使用的审核工具。

WRI 世界资源研究所与WBCSD合作，WRI负责开发温室气体核算工具中温室气体协议系列。

WRAP Waste & Resources Action Program是一家成立于2000年的非营利公司，帮助英国各级政府实现推进“绿色”经济的目标。

环境、行业和组织的联系方式

供应商

3M 美国
www.3m.com

Ahlstrom Paper 芬兰
www.ahlstrom.com

Avery Dennison 美国
www.averydennison.com

BASF 德国
www.basf.com

Boise Label & Release 美国
www.boiseinc.com

Breit Technologies 美国
www.breit-tech.com

Catchpoint 英国
www.catchpointlabels.com

Channeled Resources Group 美国
www.channeledresources.com

Cycle4Green 芬兰
www.cycle4green.eu

Distant Village Packaging 美国
www.distantvillage.com

DuPont 美国
www.cyrel.com

Dyna-Tech 美国
www.dyna-techadhesives.com

EskoArtwork 比利时
www.esko.com

Evonik 德国
www.tego-rc.com

FFEI 英国
www.ffei.co.uk

FINAT 荷兰
www.finat.com

Flint Group 卢森堡
www.flintgrp.com

Gallus 瑞士
www.gallus-group.com

GEW 英国
www.gewuv.com

Greenwood Fuels 美国
greenwoodfuels.com

Masterpiece Graphix 美国
www.mgxdigital.com

Hanita Coatings 以色列
www.hanitacoatings.com

Herma 德国
www.herma.com

HP Indigo 以色列
www.hp.com/go/indigo

Jujo Thermal 芬兰
www.jujothermal.com

Lenzing Papier GmbH 奥地利
www.lenzing.com

Mark Andy 美国
www.markandy.com

Martin Automatic 美国
www.martinautomatic.com

Mitsubishi Polyester Films 日本
www.m-petfilm.com

NuLabel 美国
www.nulabeltechnologies.com

Phoseon 美国
www.phoseon.com

Plastic Suppliers 美国
www.earthfirstpla.com

Ravenswood Packaging 英国
www.ravenwood.co.uk

Ricoh Electronics 美国
www.rei.ricoh.com

Ritrama 意大利
www.ritrama.com

Sappi 南非
www.sappi.com

Sustainable Packaging Coalition 美国
www.sustainablepackaging.org

Stora Enso 芬兰
www.storaenso.com

Sun Chemical 美国
www.sunchemical.com

TLMI 美国
www.tlmi.com

Torraspapel 西班牙
www.torraspapel.com

UPM Kymmene 芬兰
www.upm.com/en/Pages/default.aspx

UPM Raflatac 芬兰
www.upmraflatac.com

Xeikon 比利时
www.xeikon.com

加工商

CCL 加拿大
www.ccllabel.com

Denny Bros (UK) 英国
www.dennybros.com

Dion Label Printing 美国
www.dionlabel.com

Etifix 德国
www.etifix.com

Hub Labels 美国
www.hublabels.com

Grand Rapids Label 美国
www.grlabel.com

I.D. Images 美国
www.idimages.com

Label World 美国
www.labelworldusa.com

Lauterbach Group 美国
www.lauterbachgroup.com

McCourt Label 美国
www.mccourtlabel.com

Mercian Labels 英国
www.selfadhesivelabels.com

Metro Label Group 加拿大
www.metrolabel.com

Multi-Color Corporation 美国
www.multicolorcorp.com

Pago 瑞士
www.pago.com

Paragon Label 美国
www.paragonlabel.com

Paragon Print & Packaging 英国
www.paragonprintandpackaging.com

Pemara 澳大利亚
www.pemara.com.au

Printpack 美国
www.printpack.com

RR Donnelley 美国
www.rrdonnelley.com/labels

Sleever International 法国
www.sleever.com

Skanem Europe 挪威
www.skanem.com

Smyth Companies 美国
www.smythco.com

Spear 美国
spearinc.com

Systems Labelling 英国
www.systemslabelling.com

Top-Label 荷兰
www.toplabel.nl

Ulrich Etiketten 奥地利
www.ulrich.at

WS Packaging 美国
www.wspackaging.com

Zeus Media 英国
www.zeuslabel.com

废弃物管理公司

Cellulose Reciclada 巴西
www.celulosereciclada.com.br

Dalton Enterprises 美国
daltonrecycling.com

Greenwood Fuels 美国
greenwoodfuels.com

International Paper 美国
www.ippalternativefuel.com

Pellet America 美国
www.pelletamerica.com

行业组织

Association of Postconsumer Plastic Recyclers
www.plasticsrecycling.org

British Research Establishment Environmental Assessment Method
www.breeam.org

Cycle4Green
www.c4g.fi

Curbside Value Partnership
www.recyclecurbside.org

Earth 911
earth911.com

Forest Stewardship Council
www.fsc.org

GHG Protocol
www.ghgprotocol.org

Global Packaging Project
www.ciesnet.com

Keep America Beautiful
www.kab.org

National Association for PET Container Resources
www.napcor.com

Program for the Endorsement of Certification Schemes
www.pefc.org

Sustainable Packaging Coalition
www.sustainablepackaging.org

Sustainable Forestry Initiative
www.sfiprogram.org

Sustainable Packaging Alliance (Australia)
www.sustainablepack.org

Sustainable Transport Solutions
globalstewards.org/transportation.htm

The Carbon Trust
www.carbontrust.co.uk

The Sustainability Consortium
www.sustainabilityconsortium.org

US Green Building Council
www.usgbc.org

World Business Council for Sustainable Development
www.wbcsd.org

Waste & Energy Resources Program
www.wrap.org.uk

World Resources Institute
www.wri.org